Das giftige Herz der Dinge

diaphanes

Michel Foucault

Das giftige Herz der Dinge
Gespräch mit Claude Bonnefoy

Herausgegeben und mit einer Einleitung versehen von
Philippe Artières

Aus dem Französischen von
Franziska Humphreys-Schottmann

diaphanes

Titel der französischen Originalausgabe:
Le beau danger. Entretien avec Claude Bonnefoy
© Editions de l'EHESS, 2011

1. Auflage
ISBN 978-3-03734-222-0
© diaphanes, Zürich 2012
www.diaphanes.net
Alle Rechte vorbehalten

Satz und Layout: 2edit, Zürich
Druck: Pustet, Regensburg

Inhalt

Philippe Artières: Einleitung   7

Gespräch zwischen
Michel Foucault und Claude Bonnefoy   27

Einleitung

Die Erfahrung der Sprache machen

Im Andenken an Alain Crombecque

In der Rezeptionsgeschichte von Foucaults Denkens gab es eine Reihe von Ereignissen, die, wenngleich in geringerem Maße als im Fall von Louis Althusser mit dem Erscheinen von *Die Zukunft hat Zeit*,[1] dazu beigetragen haben, die Weise, die Werke des Autors von *Wahnsinn und Gesellschaft* zu lesen und allgemeiner noch sein Denken einzuschätzen, dauerhaft zu verändern. Zunächst zeigte uns das Erscheinen der mehrbändigen Ausgabe der *Dits et écrits*[2] einen sprechenden Foucault: Plötzlich verfügte der Leser über alle Spuren der im Rahmen von Tagungen, Interviews oder anderen öffentlichen Veranstaltungen gehaltenen, gesammelten und bereits publizierten Beiträge. Dieser Akt der Zusammenfassung, der Übersetzung und Kompilierung trug dazu bei, dass sich eine für viele ganz neue, für andere vergessene oder verdrängte Figur herausschälte, diejenige des engagierten Denkers, der neue Formen der Intervention im öffentli-

---

1 Louis Althusser (1992): *Die Zukunft hat Zeit*, übers. v. Hans-Horst Henschen, Frankfurt/M. 1993.
2 Michel Foucault (1995): *Schriften in vier Bänden*, übers. v. Michael Bischoff u.a., Frankfurt/M. 2001–2005.

chen Raum erfand, und diejenige eines beständigen Kritikers seines eigenen Denkens. Neben dem Buchautor hatte ein anderer Foucault existiert, der Foucault der ephemeren Akte. Die Enthüllung dieser doppelten Facette in der Tätigkeit des Philosophen hatte auf die Rezeption ausgesprochen interessante Auswirkungen: Insbesondere der Begriff des Intellektuellen, den viele für sich beanspruchten, angefangen bei Pierre Bourdieu, fand sich hier erneuert.[3] Die Veröffentlichung von Runder-Tisch-Gesprächen und Interviews ermöglicht heutigen Aktivisten – denjenigen etwa, die in Weltsozialforen aktiv waren oder für die Forderungen sexueller Identitäten eintraten – die Rezeption der wesentlichen foucaultschen Begriffe aus einem gewissen Abstand heraus.

Schließlich hat die Veröffentlichung der am Collège de France (1971–1984) abgehaltenen Vorlesungen, die in der Reihe »Hautes Études« erschienen sind, mitsamt ihrer weltweiten Übersetzung seit dem Tod des Autors 1984 den foucaultschen Korpus nach und nach verdoppelt; bis dato gab es nur einige seiner Seminare, die als Audiokassetten oder wilde Mitschriften zirkulierten, der Lehrer Foucault war verkannt, unbekannt oder aber das

---

3   Der Einfluss, den Foucault auf Bourdieu und insbesondere auf sein politisches Projekt der »Vernunft des Handelns« ausgeübt hatte, wurde von dem Soziologen selbst wiederholt unterstrichen: Vgl. Pierre Bourdieu: »La philosophie, la science, l'engagement«, in: Didier Eribon (Hg.): *L'infréquentable Michel Foucault. Renouveaux de la pensée critique*, Actes du colloque au Centre Georges-Pompidou, 21–22 juin 2000, Paris 2001, S. 189–194.

Privileg einiger Eingeweihter, denen wenig daran gelegen war, es zu teilen; die Ausgabe der Vorlesungen hat diese Ordnung jäh durchbrochen und all jenen, die seinem Unterricht nicht folgten und jedem Leser Anfang des 21. Jahrhunderts nicht nur eine Lektion vorgelegt, eine Vorlesung, sondern schließlich mit der vollendeten Ausgabe eine ganze Lehre in ihrer Entfaltung. Zu der Frage »Was heißt Stellung beziehen?« trat nun die neue Frage »Was heißt lehren?«.

Zudem hat dieses doppelte editorische Ereignis plötzlich die außergewöhnliche Vielfalt der Register der Rede, die der Philosoph während seiner Laufbahn aufbot, für alle offenkundig werden lassen und dadurch aufgezeigt, wie stark er sich für die mündliche Rede einsetzte. Anders gesagt zeigt sie nicht nur, dass es eine Strategie der Intervention bei Foucault gibt, sondern auch und vor allem, dass es bei ihm eine ethische Suche nach dem Sprechen gibt und dass diese Suche permanent ist. Der schönste Beweis für dieses Anliegen ist wohl, dass er daraus den letzten Gegenstand seiner Lehre gemacht hat, eine philosophische Frage, diejenige nach dem »wahren Sprechen«. Das vorliegende Gespräch mit dem Kritiker Claude Bonnefoy schreibt sich, so glauben wir, in eben diese Matrix ein: *Die Ordnung der Dinge* ist gerade erst erschienen, da lässt er sich bereits auf dieses Sprachexperiment ein.

Diese Praxis der Intervention erinnert an diejenige, die Claude Mauriac in seinem Tagebuch so meisterhaft nachgezeichnet hat, indem er Telefongespräche, Dialoge, Abendessen und Versammlungen rekonstruierte.[4] Bei Foucault nahm sie eine singuläre Form an, zumal er sie in den meisten Fällen vollkommen beherrschte. Zwischen den Zeilen hatte der Philosoph eine Geographie seiner Sprachgesten gezeichnet, die eine ganz andere war als etwa diejenige Jean-Paul Sartres,[5] Emmanuel Levinas' oder auch Jacques Derridas. Foucault unterschied sich deutlich von der Art Philosoph, die auf einem Fass stehend den Arbeitern den Weg weisen, und machte von der Rede einen ganz eigenen Gebrauch, der sicherlich manchmal mit den Praktiken übereinstimmte, die den französischen Intellektuellen der 60er Jahre eigneten, der aber in erster Linie Teil seiner spezifischen Arbeit als Philosoph war. Sprechen hieß für Foucault, sich in eine Ordnung des Diskurses einzuschreiben oder eben nicht, es hieß aber auch, diese Praxis in der Geste selbst zu problematisieren. Daraus wird verständlich, warum sich heute Dramaturgen und Schauspieler für Foucault interessieren.[6] Für ihn heißt sprechen, ein anderes, zutiefst politisches Theater stets neu zu erfinden.

---

4   Claude Mauriac: *Le temps immobile*, Bd. 3: *Et comme l'espérance est violente*, Paris 1976.
5   Jeanette Colombel: »Contrepoints poétiques«, in: *Critique*, Nr. 471–472, August–September 1986; dies.: *Michel Foucault*, Paris 1994.
6   Als Beispiel kann man hier das Kollektiv F71 anführen, das 2009 den Jugendpreis des Théâtre Odéon für ein Stück über Foucault und seine politischen Interventionen erhielt.

Diese Geographie der Stimme, diese »Audiographie«, setzt sich aus ganz unterschiedlichen öffentlichen Sprechakten zusammen, die man ihrem Umfang nach in eine knappe Typologie einordnen kann. Zunächst gibt es die eindrucksvolle Masse an Lehrschriften (Seminare, Vorlesungen, Mitteilungen, Konferenzen), dann die wissenschaftlichen und politischen Diskussionen (runde Tische, Dialoge, Interviews und Gespräche), darauf folgen die Erklärungen (Beiträge auf Kundgebungen, Demonstrationen, Versammlungen, allerdings nicht der polemische Wortwechsel, dem Foucault völlig abgeneigt ist) und schließlich die obligatorischen Interventionen (von der mündlichen Abschlussprüfung über das Staatsexamen bis hin zu Anhörungen vor Kommissionen, Vorladungen und Befragungen).

Diese Audiographie hat auch ihre Orte. Einige sind institutionell und vorhersehbar: der Hörsaal oder das Aufnahmestudio; andere sind zunächst eher abwegig: Erinnert man sich noch, dass der Dialog über das Verhältnis der Intellektuellen zur Macht in der Küche von Gilles und Fanny Deleuze in Paris stattfand und Foucault und Maurice Clavel in Vézalay miteinander diskutierten? Man müsste auch Straßen nennen wie die Straße in Nancy nach dem Aufstand der Häftlinge der Strafvollzugsanstalt Charles-III oder die Pariser Straßen auf den Hügeln der Goutte d'Or.

Hier nun antwortet Foucault im Verlauf mehrerer Begegnungen auf die Fragen von Claude Bonnefoy, Literaturkritiker der Zeitschrift *Arts*; die Treffen fanden im Sommer und Herbst 1968 statt, höchstwahrscheinlich bei Foucault in der Rue du Docteur Finlay und noch nicht in der Wohnung in der Rue Vaugirard, die er erst nach seiner Rückkehr aus Tunesien erwarb. Die Abschrift der ersten dieser Begegnungen wurde hier veröffentlicht.

In den Archiven hat diese Geographie mehr oder weniger tiefe Spuren hinterlassen. Hier eine unautorisierte Tonbandaufnahme (beispielsweise von seinen Konferenzen in Brasilien, Japan oder Kanada und insbesondere von seinen Vorlesungen am Collège de France) oder ein von Foucault selbst erstellter Text (die zahlreichen Interviews, die in den Schriften versammelt sind), da eine Abschrift von Vorträgen, die Foucault gehalten hat, auch hier wieder Notizen, die ein Zeuge gemacht hat, meist ein Student, zum Beispiel als Foucault Repetitor an der École normale supérieure in der Rue d'Ulm war, und schließlich die einzige Photographie, auf der man Foucault sprechen sieht, die aber für immer stumm bleibt: der berühmte Abzug, auf dem man den Philosophen 1971 in einer Straße der Goutte d'Or sieht, das Megaphon in der Hand, umringt von Claude Mauriac, Jean Genet und André Glucksmann. Manchmal gibt es keine Spur mehr, ist die Rede wieder in die Stille eingetreten, so wie in Bukarest in den sechziger Jahren oder 1969 an der

Sorbonne.[7] Was hat Foucault an jenem Tag auf der Tribüne gesagt? Heute weiß das keiner mehr. Das Gespräch mit Bonnefoy ist unter diesem archivarischen Gesichtspunkt ein interessanter Fall. In den Archiven der Association pour le Centre Michel Foucault wurde das Typoskript dieses Interviews aufbewahrt. Diese Abschrift, die höchstwahrscheinlich das Werk Claude Bonnefoys ist, enthält keinerlei Korrekturen oder Hinzufügungen von Foucault. Die Tonbänder sind verschwunden. Die Stimmen sind verstummt. 2004 wurde dieses Interview anlässlich des 20. Todestages von Foucault im Rahmen des Ateliers Foucault, das Alain Crombecque und Daniel Defert entwickelt hatten, an zwei Abenden auf Radio France eingesprochen: Éric Ruf, Schauspieler an der Comédie française, hatte Foucault seine Stimme geliehen, während Pierre Lamendé Bonnefoy sprach. Eine Aufnahme dieser Lesung war von Gallimard noch im selben Jahr als CD veröffentlicht worden. In einer Sonderbeilage von *Le Monde*, die dem Festival d'Automne 2004 gewidmet war, waren die ersten Seiten dieser Abschrift abgedruckt, begleitet von Fotografien des Philosophen aus jener Zeit.

Diese sehr heterogenen, oft lapidaren Archive skizzieren eine Karte, die keineswegs nebensächlich ist, son-

---

7   Vgl. *Michel Foucault. Une journée particulière*, Photographien von Élie Kargan, Texte von Alain Jaubert und Philippe Artières, Lyon 2004. Siehe auch www.michel-foucault-archives.org.

dern eng verbunden mit dem foucaultschen Projekt. Im Werdegang des Intellektuellen Foucault versteht es sich von selbst, dass etliche dieser Sprachereignisse mit seiner Biographie verbunden sind und sich in einen historischen Kontext einschreiben, der diese Biographie erhellt. So muss daran erinnert werden, dass '68 ein außergewöhnlicher Moment in einem intensiven Ringen der Studenten, der Arbeiter, aber auch der Intellektuellen um das Wort war.[8]

Zwei Praktiken sind aus unserer Sicht exemplarisch für die foucaultsche Haltung: die Pressekonferenz und das Interview. Viel gäbe es über die Weise zu sagen, in der Foucault in einigen seiner Bücher mit dem einstimmigen Diskurs bricht und einen Dialog einführt, zum Beispiel am Ende der *Archäologie des Wissens*; man müsste analysieren, wie er seine Vorlesungen am Collège de France abhielt, indem er eine ganz bestimmte Gestik einsetzte und nicht ohne Vergnügen seine Quellen laut vorlas, man müsste auch die Radiomonologe des Philosophen auf France Culture in den sechziger Jahren untersuchen.[9] Wir konzentrieren uns an dieser Stelle auf die Pressekonferenz und das Interview, weil es sich um zwei Praktiken handelt, deren Regeln festgelegt sind und die genau die Erfahrung beleuchten, auf die er sich mit Claude Bonne-

---

8 Michel de Certeau: *La prise de parole*, Paris 1994.
9 Man höre beispielsweise Daniel Defert (Hg.): *Utopies et hétérotopies*, 1 CD, Paris, INA, 2004.

foy eingelassen hatte. Foucault erfindet seine Interventionen hier nicht, sondern er subvertiert sie.

Die Praxis der Pressekonferenz kommt einige Jahre nach dem hier publizierten Gespräch in den Jahren 1971–1972 auf, als Foucault in der Groupe d'information sur les Prisons (GIP) mitwirkte. Dem Anliegen verschrieben, aus der Information einen Kampf zu machen, gehört sie in den französischen, repressiven Kontext der Nach-Achtundsechziger,[10] als die wichtigsten politischen Organisationen der extremen Linken von der Regierung aufgelöst wurden. Der Philosoph zügelte seinen Unmut kaum, als er vor die Gefängnisse ging, um mit den Familien zu sprechen, als er mit den Schauspielern des Théâtre du Soleil kleine Theaterstücke in den Wohnanlagen der Vororte aufführte. Durch diese Intervention macht Foucault die Erfahrung von Möglichkeiten der Sprachausübung, die für ihn ganz neu sind.[11]

Die Pressekonferenz hingegen gehört nicht zu diesen experimentellen Praktiken; ihr Ablauf ist extrem kodifiziert; sie ist dasjenige Dispositiv der Intervention, das am häufigsten von der Macht benutzt wird, um die Vermittlung ihres eigenen Diskurses zu inszenieren. Die Journalisten werden zur Pressekonferenz eines Ministers oder des Präsidenten der Republik bestellt. Diese Versamm-

---

10 Philippe Artières, Laurent Quéro, Michelle Zancarini-Fournel: *Le Groupe d'information sur les Prisons. Archives d'une lutte, 1970–1972*, Paris 2003.
11 François Boullant: *Michel Foucault et les prisons*, Paris 2003.

lung, in deren Verlauf sich eine oder mehrere Persönlichkeiten an die Journalisten richten, um sie über ein Ereignis, eine Position zu informieren, spielt sich meist in zwei Schritten ab: erst die Erklärung des Konferenzleiters, dann der Dialog mit der Zuhörerschaft. Das materielle Dispositiv ist extrem starr und ähnelt durchaus dem der Lehre. Der Konferenzleiter befindet sich hinter einem meist erhöhten Schreibtisch, während die Zuhörer auf Stühlen vor ihm sitzen. Die Macht zu sprechen wird hier durch eine physische Beherrschung verdoppelt. Es ist genau dieses Dispositiv, in das sich Michel Foucault in den Jahren 1971–1972 einbringt, d.h. in eben dem Moment, da er seinen Lehrstuhl am Collège de France erhält. Auf dreierlei Weise subvertiert der Philosoph zumindest diese Inszenierung der Macht der Rede.

Die erste Pressekonferenz, an der er teilnahm, fand am 8. Februar 1971 gemeinsam mit Jean-Marie Domenach und Pierre Vidal-Naquet statt. Auf ihr wurde die Gründung der GIP verkündet. Das Manifest der Gruppe wurde verlesen und daraufhin in der französischen Presse verbreitet. Diese Kundgabe war Teil einer Pressekonferenz, die von den Anwälten inhaftierter maoistischer Aktivisten in der Kapelle Saint-Bernard in der Gare Montparnasse organisiert wurde, um zu Protokoll zu geben, dass diesen nach wochenlangen Kämpfen der Status als politische Gefangene zugesprochen und somit ihre Forderungen erfüllt worden waren, und um das Ende des Hungerstreiks anzukündigen. Es handelte sich also um eine

Intervention, die über den Justizminister, René Pleven, gesiegt hat und die darüber hinaus an einem Ort stattfand, der keineswegs neutral ist, sondern eine Kapelle, Ort einer anderen Macht der Rede, der des Religiösen. Was macht nun Foucault? Er bringt sich in diese Pressekonferenz ein, und zwar nicht, um sie umzuleiten oder zu vereinnahmen, sondern um sie in die Länge zu ziehen. Er nutzt sie nicht als einen Ort der Ausstellung oder der Erklärung, sondern als einen Moment der Aufmerksamkeit. Er weist darauf hin, dass in den Gefängnissen eine Untersuchung veranlasst worden sei, um zu erfahren, was dor geschieht, wer dahin kommt usw. Auf die siegestrunkenen Reden lässt er eine Befragung folgen, auf das Exklamatorische das Interrogative. Die Pressekonferenz wird auf diese Weise umgekehrt, anstelle des Publikums stellt nun der Konferenzleiter die Fragen. Derjenige der spricht, äußert keine Wahrheit, er hinterfragt das scheinbar Offensichtliche.

Die Pressekonferenz, die einige Monate später, am 21. Juni 1971, in einem Universitätshörsaal stattfand, ist ganz anderer Art. Dieses Mal lädt sich Foucault nicht an den Tisch ein, sondern er ist unter denen, die ihn einberufen haben. Es geht um das, was man sehr schnell mit dem Namen eines Journalisten des *Nouvel Observateur* als Affäre Jaubert bezeichnet hat. Jaubert war am Rande einer Pariser Demonstration von Immigranten von den Antillen im Frühjahr 1971 von der Polizei zusammengeschlagen worden, als er einer verletzten Person, die nichts mit dem Demonstrationszug zu tun hatte, Hilfe leisten wollte. Als er aus dem Polizeigewahrsam entlassen wurde, bildete sich eine inoffizielle Untersuchungskommission, um aufzuklären, was an diesem Tag wirklich geschehen war, während der Innenminister erklärte, dass Jaubert die Polizisten angegriffen und beleidigt habe. Journalisten ganz unterschiedlicher Medien wie *Le Figaro*, *Le Monde*, *Le Nouvel Observateur*, Anwälte und etliche Intellektuelle, darunter Foucault, wirkten daran mit. Auf der Pressekonferenz vom 21. Juni, die auf eine erste folgte, die einige Wochen zuvor bei Jacques Lacan abgehalten und auf der die Bildung der Kommission angekündigt worden war, sprachen vier Redner: Claude Mauriac, Denis Langlois, Rechtsberater der *Liga für Menschenrechte*, Gilles Deleuze und Michel Foucault. Aus diesem Anlass wurde eine Broschüre veröffentlicht, die neben einigen Photographien das einzige Archivmaterial über dieses Ereignis darstellt. Die Konferenzleiter denunzieren nicht einfach nur eine Aktion gezielter Desinformation, sondern analysieren die Weise, in der über eine offizielle Stellungnahme des Innenministers die Macht der Rede ausgeübt wird. Mit Ironie und anhand einer rigorosen Erläuterung des Textes nehmen die vier Männer die Mechanismen dieser willkürlichen Intervention auseinander. Sie stellen ihr die kollektive Rede der Zeugen gegenüber.

Fast sechs Monate nach dieser Affäre erschütterte eine Serie von Revolten die Gefängnisse; erst in der Strafvollzugsanstalt Ney de Toul Anfang Dezember 1971, dann in etwa 20 weiteren französischen Strafanstalten begehrten die Häftlingen auf, besetzten einige Stunden lang die Gefängnisdächer und riefen Slogans gegen ihre Haftbedingungen. Die Häftlinge diskutierten über ihre Situation, mobilisierten sich, verfassten Gesuche, ließen Zeugenberichte nach außen dringen. Sie nahmen sich die Macht zu sprechen. Auch die Pressekonferenz, die die GIP spontan am Spätnachmittag des 17. Februar 1972 in der Eingangshalle des Justizministeriums an der Place Vendôme organisiert, ist der Schauplatz einer unerhörten Situation; Foucault ergreift das Wort, verliest dann aber einen Text, den Häftlinge der Strafvollzugsanstalt von Melun geschrieben hatten. Anders gesagt, in eben dem Raum, in dem sich das Recht selbst Ausdruck verschafft, dem Justizministerium, verschafft der Philosoph den Stimmen all derer Gehör, die bis dahin keinen Rechtsanspruch darauf hatten. Er spricht nicht in ihrem Namen, auch nicht für sie: Er macht sich zu ihrem Sprachrohr.

Im Interview experimentiert Foucault einmal mehr mit den Möglichkeiten, die Rede auszuüben. Es ist bekannt, dass Foucault nach seiner Rückkehr nach Frankreich Ende der sechziger Jahre, nach seinem langen Exil in Schweden, Polen, Deutschland und schließlich Tunesien, in Frankreich ebenso wie im Ausland ein außerordentlich gefragter Interviewpartner ist.[12] Meistens sagt er zu und spricht in Zeitungen und Zeitschriften über seine Vorhaben, seine Positionen, seine Arbeit. Unter diesen zahlreichen Interviews stechen vier besonders hervor, da sie tatsächliche Erfahrungen der Rede darstellen, die darauf abzielen, die Philosophie ihrer Machtposition zu entheben, die sie besetzt hält.

Das nun folgende Gespräch leitet diese Serie ein. Als Michel Foucault noch an der Fertigstellung von *Die Archäologie des Wissens* arbeitete, schlug ihm Claude Bonnefoy vor, ein Buch mit Gesprächen für den Verlag Belfond zu veröffentlichen. Foucault, getrieben von dem Wunsch, sein Vorhaben zu erklären, nahm an. Doch von den ersten Treffen an lenkt Bonnefoy diese Gespräche in eine Richtung, der gegenüber sich Foucault zunächst eher zurückhaltend zeigte: Es geht darum, auf die »Rückseite des Gobelins« zu sprechen zu kommen, das Verhältnis anzugehen, das der Autor von *Wahnsinn und Gesellschaft* mit der Schrift unterhält. Im Verlauf dieser zehn Treffen übt sich Foucault in einem ganz neuen, einem autobiographischen Sprechen. Diese intimen Aussagen des Autors über sich selbst bewirken eine Veränderung im mündlichen Austausch der beiden Männer, eine Veränderung dessen, was zu Beginn ein ganz gewöhnliches Gespräch sein sollte. Um über seine Arbeitsweise

---

12 Philippe Artières: »Des espèces d'échafaudage«, in: *La Revue des revues*, Nr. 30, 2001.

nachzudenken, um seinen Schwierigkeiten als Autor Ausdruck zu verleihen, nimmt Foucault ein ganz neues Register, eine ganz neue Sprache an. Im Ausgang dieser Erfahrung bezeichnet er sich selbst als verändert und als glücklich darüber, einen Diskurstypus gefunden zu haben, der weder eine Unterhaltung noch eine »Art lyrischer Monolog« ist.

Danach schlug Gilles Deleuze, dem die Zeitschrift *L'Arc* am Anfang der siebziger Jahre eine eigene Ausgabe widmen wollte, Michel Foucault eine Diskussion vor. Sie ist der einzige Dialog zwischen Michel Foucault und einem zeitgenössischen Philosophen – die Debatte mit Noam Chomsky einmal ausgenommen, die vor den Kameras des niederländischen Fernsehens stattfand, aber vollkommen fehlschlug und letztlich zwei parallel verlaufende Monologe darstellt. Dieser Dialog ist deswegen so interessant, weil es in ihm wirklich um eine echte Ausübung des Denkens geht. Deleuze und Foucault denken laut, und zwar nicht nur über einen Text, nicht über ein Bild, sondern über die Erfahrung, die beide gerade in der GIP und im Zusammenhang mit anderen Mobilmachungen gemacht haben. Während beide bei dieser Intervention im öffentlichen Raum über die eigene Arbeit hätten sprechen können, definieren sie lieber gemeinsam und ausgehend von ihrer Erfahrung eine neue Verbindung zwischen Theorie und Praxis. Ihre Diskussion ist nicht einfach nur eine Konfrontation von Standpunkten, sondern vielmehr eine Diagnose dessen, was gerade vor sich geht; das Gespräch wird hier ein Dialog, der es ermöglicht, neue Begriffe hervorzubringen.

Nach dem Bericht von Claude Mauriac in *Mauriac et fils* experimentiert Foucault etliche Jahre später mit einer weiteren Form des Gesprächs, die dem platonischen Dialog ähnelt und bis heute absolut unbekannt geblieben ist. Dabei sind diese Gespräche 1978 unter dem Namen von Thierry Voeltzel schon einmal erschienen, eben mit einem Vorwort von Claude Mauriac.[13] Der Name Foucaults taucht hier gar nicht auf: Der Philosoph ist eben derjenige, der Thierry Voeltzel über seine persönlichen Erfahrungen befragt, der 1976, zum Zeitpunkt der Aufnahme, ein junger Mann von zwanzig Jahren war. Durch sehr direkte Fragen spricht Foucault mit diesem jungen Homosexuellen über seine Geschichte, sein Engagement, seine Sexualität. Hier also hat Foucault das Dispositiv umgedreht, um es selbst durchzuführen, und er ist absolut begeistert von dieser Erfahrung, die ein Sprechen »von sehr großer Freiheit« freigesetzt hat.

Womöglich muss diese Erfahrung der Anonymität mit der Entscheidung in Beziehung gesetzt werden, die Foucault im Februar 1980 getroffen hat, als er Christian Delacampagnes Bitte um ein Gespräch für die Zeitschrift *Le Monde* zwar nachkam, dabei aber zur Bedingung machte, dass sein Name nicht erwähnt würde. Daniel Defert weist darauf hin, dass die Identität des Philoso-

---

13 Thierry Voeltzel: *Vingt ans et après*, Paris 1978.

phen, die er in diesem Gespräch, das in der Ausgabe vom 6. April 1980 erschien, verschleiert hatte, bis zum Tod Foucaults unbekannt bleiben sollte. Durch diese Geste, die die Effekte seiner Berühmtheit aufhob, wollte sich Foucault der Vermarktung durch die Medien entziehen, um dem Gedankenaustausch wieder mehr Raum zu lassen. Er wehrte sich damit gegen die Verdeckung seines Denkens durch den Namen des Autors und die Unmöglichkeiten, die diese Situation mit sich bringt. Foucault schreibt, wie er immer wieder betont hat, um kein Gesicht mehr zu haben; doch am Ende der siebziger Jahre muss er feststellen, dass dieses Anliegen ebenso bei seinen Vorlesungen am Collège de France wie auch im Rahmen seiner sonstigen Beiträge unmöglich geworden ist und er zu der Figur eines Meisterdenkers geworden ist. Nun ist er ausgerechnet die Beute dessen geworden, wogegen er so oft angekämpft hat. Die Anonymität und das Annehmen eines Pseudonyms sind eine Art und Weise, wie der Philosoph auf diesen Starkult antwortet. Anlässlich des runden Tischs, der von der Zeitschrift *Esprit* zum Thema »Kämpfe um das Gefängnis«[14] organisiert worden war, nimmt Foucault das Pseudonym Appert an, den Namen eines Philanthropen des 19. Jahrhunderts, der sich um die Gefängnisse verdient gemacht hatte und 1836 zum

---

14 »Luttes autour des prisons«, in: *Toujours les prisons: Esprit*, November 1979, S. 102–111; wiederaufgenommen in Michel Foucault: »Kämpfe um das Gefängnis«, in: ders.: *Schriften*, Bd. 3, Frankfurt/M. 2003, S. 1005–1028.

Autor einer bemerkenswerten Studie über die Haftanstalten in ganz Frankreich wurde. Foucaults Wunsch, Frankreich zu verlassen, war eine weitere Konsequenz dieser Feststellung. Darum scheint es, als ob Foucault durch dieses maskierte Gespräch etwas von einem intakten Sprechen wiederzufinden versuchte, diese Intensität, die er mit Claude Bonnefoy 12 Jahre zuvor erfahren hatte.

Denn, daran kann kein Zweifel bestehen, etwas absolut Neues äußert sich in diesem Austausch zwischen dem Philosophen und dem Kritiker. Und dieses Ereignis ist singulär: Foucault setzt sich selbst dieser Gefahr aus.

Philippe Artières,
Rom, Sommer 2011

Anmerkung des Herausgebers
Der folgende Text ist der erste Teil der Abschrift des Gesprächs. Die Gespräche entstanden im Sommer und Herbst 1968 im Hinblick auf eine Buchpublikation beim Verlag Belfond. Dieses Projekt wurde jedoch aufgegeben. Die Umstände der Textherstellung sind unbekannt; es ist wahrscheinlich, dass Claude Bonnefoy der Autor der Abschrift ist. Fehler oder Ungenauigkeiten im Typoskript wurden stillschweigend korrigiert.
Wir danken der Familie Foucault, Frau Bonnefoy und Daniel Defert für ihre Großzügigkeit.

Ph.A.

Gespräch zwischen Michel Foucault und Claude Bonnefoy 1968

Claude Bonnefoy: Ich möchte Sie, Michel Foucault, in diesen Gesprächen weder dazu bringen, erneut zu wiederholen, was Sie in Ihren Büchern bereits wunderbar zum Ausdruck gebracht haben, noch Sie dazu verpflichten, diese Bücher ein weiteres Mal zu kommentieren. Ich hätte gern, dass sich diese Gespräche, wenn nicht in ihrer Gänze, so doch zu einem großen Teil am Rand Ihrer Bücher ansiedeln, dass sie es uns ermöglichen, ihre Kehrseite, gewissermaßen ihr geheimes Gerüst zu entdecken. Zunächst interessiert mich Ihr Verhältnis zum Schreiben – womit wir schon mitten in einem Paradox wären. Wir sollen hier miteinander sprechen, und dabei befrage ich Sie über das Schreiben. Auch scheint es mir notwendig, zuvor noch eine andere Frage zu stellen: Wie gehen Sie an diese Gespräche heran, in die Sie freundlicherweise eingewilligt haben, oder anders gefragt: Wie verstehen Sie, noch bevor Sie das Spiel mitspielen, das Genre des Gesprächs?

Michel Foucault: Ich werde damit beginnen, Ihnen zu sagen, dass ich Lampenfieber habe. Im Grunde weiß ich nicht genau, warum ich Angst vor diesen Gesprächen habe, warum ich fürchte, mit ihnen nicht fertig zu werden. Wenn ich darüber nachdenke, dann frage ich mich, ob es nicht vielleicht daran liegt: Vielleicht verfüge ich, weil ich Akademiker bin, über ein bestimmtes Repertoire gewissermaßen statuarischer Formen der Rede. Da wären die Sachen, die ich schreibe, die dazu bestimmt sind, Artikel oder Bücher zu werden, jedenfalls eher diskursive und erläuternde Texte. Eine weitere statuarische Rede wäre diejenige der Lehre: die Tatsache, zu einer Zuhörerschaft zu sprechen, zu versuchen, ihr etwas beizubringen. Schließlich wäre da noch die statuarische Rede des Vortrags oder der Tagung, diejenige, die man öffentlich oder vor Kollegen hält, um zu versuchen, seine Arbeit, seine Forschung zu erklären.

Was nun das Genre des Gesprächs angeht, so muss ich Ihnen gestehen, dass ich es nicht kenne. Ich nehme an, dass sich Leute, die sich sehr viel leichter als ich in der Welt der Rede bewegen, für die das Universum der Rede ein freies Universum ohne Barrieren, ohne bedingende Institutionen, ohne Grenzen, ohne Beschränkungen ist, in einem Gespräch absolut wohlfühlen und sich auch nicht allzu sehr die Frage stellen, was das eigentlich ist oder was sie eigentlich zu sagen haben. Ich vermute, dass sie wie von der Sprache durchdrungen sind und dass die Anwesenheit eines Mikrofons, von jemandem, der Fragen stellt, die Anwesenheit eines kommenden Buches, das aus eben den Worten entstehen wird, die sie gerade im Begriff sind auszusprechen, sie nicht sonderlich beeindrucken dürfte und dass sie sich in diesem

Raum der Rede, der ihnen eröffnet wird, vollkommen frei fühlen. Ich aber überhaupt nicht! Und ich frage mich, was genau ich eigentlich werde sagen können.

Claude Bonnefoy: Genau das sollten wir gemeinsam entdecken.

Michel Foucault: Sie haben mir gesagt, dass es in diesen Gesprächen nicht darum gehe, noch einmal mit anderen Worten zu sagen, was ich an anderer Stelle bereits gesagt habe. Ich glaube, dass ich dazu auch tatsächlich absolut unfähig bin. Allerdings versuchen Sie auch nicht, mir Vertraulichkeiten zu entlocken oder mich nach meinem Leben oder meinen Erfahrungen auszufragen. Wir müssen also zu zweit eine Ebene der Sprache, der Rede, der Kommunikation finden, die weder einem Werk noch einer Erklärung und auch nicht einem vertraulichen Gespräch gleichkommt. Versuchen wir es also. Sie sprachen von meinem Verhältnis zum Schreiben.

Claude Bonnefoy: Wenn man *Wahnsinn und Gesellschaft* oder *Die Ordnung der Dinge* liest, verblüfft einen sicherlich am meisten dieses extrem präzise und eindringliche analytische Denken, dem ein Schreiben zu Grunde liegt, dessen Schwingungen nicht nur auf den Philosophen zurückgehen, sondern den Schriftsteller verraten. In all den Kommentaren, die über Ihr Werk geschrieben wurden, kann man zwar leicht Ihre Ideen, Begriffe und Analysen wiederfinden, doch fehlt ihnen dieses sanfte Beben, das Ihren Texten eine größere Tragweite verleiht und sie auf ein Gebiet hin öffnet, das nicht nur das des diskursiven Schreibens, sondern das des literarischen Schreibens ist. Wenn man Sie liest, hat man den Eindruck, dass Ihr Denken von einer zugleich strengen und modulierten Weise des Formulierens nicht zu trennen ist, dass der Gedanke weniger treffend wäre, hätte nicht auch der Satz seine Kadenz gefunden, wäre er nicht auch von dieser Kadenz getragen und entwickelt worden. Ich würde also gern wissen, was das Schreiben für Sie bedeutet.

Michel Foucault: Zunächst möchte ich Folgendes klarstellen. Mich persönlich fasziniert diese sakrale Seite des Schreibens nicht besonders. Ich weiß, dass sie zurzeit von den meisten Leuten erfahren wird, die sich entweder der Literatur oder der Philosophie widmen. Mit Mallarmé hat das Abendland wohl vor allem gelernt, dass das Schreiben eine sakrale Dimension hat, dass es eine Art intransitive Tätigkeit an sich ist. Das Schreiben erhebt sich aus sich selbst heraus, und zwar nicht so sehr, um etwas zu sagen, zu zeigen oder zu lehren, sondern um da zu sein. In gewisser Weise ist dieses Schreiben derzeit das Monument des Seins der Sprache. In Hinblick auf mein eigenes Erleben muss ich gestehen, dass sich das Schreiben für mich ganz und gar nicht so dargestellt hat. Gegenüber der Schrift habe ich immer ein fast moralisches Misstrauen empfunden.

Claude Bonnefoy: Können Sie das erklären, zeigen, wie Sie sich dem Schreiben genähert haben? Ich erinnere Sie daran, dass ich mich hier vor allem für den Schriftsteller Foucault interessiere.

Michel Foucault: Die Antwort, die ich Ihnen geben werde, wird Sie womöglich überraschen. An mir selbst kann ich nun etwas ganz anderes ausprobieren als das, was ich für gewöhnlich mit anderen mache – und es freut mich, es mit Ihnen gemeinsam an mir auszuprobieren. Im Sprechen über einen Autor habe ich immer versucht, weder biographische Faktoren noch den sozialen und kulturellen Kontext, das Feld der Erkenntnis, in das er hineingeboren wurde und in dem er sich herangebildet hat, in Anschlag zu bringen. Ich habe immer versucht, davon zu abstrahieren, was man wohl seine Psychologie nennen würde, um ihn wie ein rein sprechendes Subjekt funktionieren zu lassen.
Nun, jetzt werde ich die Gelegenheit nutzen, die Sie mir bieten, indem Sie mir diese Fragen stellen, um mit mir selbst ganz genau das Gegenteil zu machen. Ich werde mich an einer Palinodie versuchen. Ich werde den Sinn des Diskurses, den ich über andere gehalten habe, gegen mich selbst in sein Gegenteil verkehren. Ich werde versuchen, Ihnen zu sagen, was das Schreiben im Laufe meines Lebens für mich bedeutet hat. Eine meiner bleibendsten Erinnerungen – gewiss nicht die älteste, wohl aber die hartnäckigste – gilt den Schwierigkeiten, die ich

mit dem Schönschreiben hatte. Schönschreiben im Sinne des Grundschulunterrichts, das heißt das Anfertigen von Seiten in gut leserlicher Handschrift. Ich glaube, ja, ich bin sogar sicher, dass ich in meiner Klasse und in meiner Schule der Schüler mit der unleserlichsten Handschrift war. Das sollte lange so gehen, bis in die ersten Jahre der weiterführenden Schule hinein. In der fünften Klasse ließ man mich spezielle Übungsseiten schreiben, so schwer fiel es mir, meinen Federhalter richtig zu halten und die einzelnen Buchstaben ordentlich nachzuzeichnen.

Also eine etwas komplizierte, etwas überdeterminierte Beziehung zum Schreiben. Aber ich habe eine andere, sehr viel frischere Erinnerung. Im Grunde habe ich das Schreiben, den Schreibakt, nie besonders ernst genommen. Die Lust zu schreiben hat mich erst gepackt, als ich schon auf die Dreißig zuging. Ich hatte natürlich studiert, was man so Literaturwissenschaften nennt. Aber Sie können sich sicherlich leicht denken, dass mich diese Literaturwissenschaften – die Gepflogenheit, Textkommentare anzufertigen, Aufsätze zu schreiben, Prüfungen zu bestehen –, in keinerlei Hinsicht auf den Geschmack am Schreiben gebracht haben. Im Gegenteil.

Um das Vergnügen zu entdecken, das man am Schreiben empfinden kann, musste ich erst ins Ausland gehen. Damals war ich in Schweden und musste also entweder Schwedisch sprechen, was ich nur sehr schlecht beherrschte, oder Englisch, was ich nur mit Mühe spreche. Meine schlechten Sprachkenntnisse haben mich über Wochen, Monate, sogar Jahre hinweg daran gehindert, wirklich zu sagen, was ich wollte. Ich sah, wie sich die Worte, die ich sagen wollte, in dem Moment, in dem ich sie aussprach, vor mir verzerrten, vereinfachten und zu kleinen, lächerlichen Marionetten wurden.

Als ich der Unmöglichkeit gegenüberstand, meine eigene Sprache zu benutzen, habe ich zunächst bemerkt, dass sie eine Stärke, eine Konsistenz hat, die nicht einfach wie die Luft ist, die man atmet, also keine absolut unmerkliche Transparenz. Dann erkannte ich, dass sie ihre eigenen Gesetze hat, ihre eigenen Durchgänge, ihre bequemen Wege, ihre Linien, ihre Gefälle, ihre Hänge, ihre Unebenheiten, kurz, dass sie eine Physiognomie besitzt und eine Landschaft bildet, in der man herumspazieren kann und in der man auf den Umwegen der Worte, um die Sätze herum, ganz plötzlich Blickwinkel entdecken kann, die sich zuvor noch nicht gezeigt hatten. In Schweden, wo ich eine Sprache sprechen musste, die mir fremd war, habe ich verstanden, dass ich meine Sprache in ihrer auf einmal so besonderen Physiognomie bewohnen konnte, als sei sie der zugleich geheimste und sicherste Ort meines Aufenthalts an diesem ortlosen Ort, der das fremde Land ist, in dem man sich befindet. Letztlich ist die einzige wirkliche Heimat, der einzige Boden, auf dem man gehen kann, das einzige Haus, in dem man Rast machen und Unterschlupf finden kann, die Sprache, diejenige, die man seit seiner Kindheit gelernt hat. Es ging für mich also darum, diese Sprache wiederzubeleben, mir ein kleines Haus aus Sprache zu bauen, dessen Herr ich sein und dessen verborgene Winkel ich kennen würde. Ich glaube, das war es, was mir Lust gemacht hat, zu schreiben. Da mir die Möglichkeit zu sprechen verweigert war, habe ich das Vergnügen zu schreiben entdeckt. Zwischen dem Vergnügen zu schreiben und der Möglichkeit zu sprechen besteht ein bestimmtes Verhältnis der Inkompatibilität. Da, wo das Sprechen nicht mehr möglich ist, entdeckt man den geheimen, schwierigen, etwas gefährlichen Charme des Schreibens.

Claude Bonnefoy: Sie haben gesagt, dass Ihnen das Schreiben lange Zeit nicht als eine ernsthafte Tätigkeit erschien. Warum?

Michel Foucault: Ja, bis zu dieser Erfahrung war das Schreiben für mich nichts wirklich Ernsthaftes. Es war sogar etwas vollkommen Leichtes. Schreiben war für mich nur Wind. Hier frage ich mich nun, ob sich in dieser Geringschätzung des Schreibens nicht das Wertesystem meiner Kindheit ausdrückte. Ich stamme aus einem medizinischen Milieu, einem dieser provinziellen medizinischen Milieus, das in Vergleich zu dem etwas eingeschlafenen Kleinstadtleben sicherlich ziemlich adaptiv oder, wie man sagt, progressiv ist. Dessen ungeachtet bleibt das medizinische Milieu im Allgemeinen und ganz besonders in der Provinz tiefgreifend konservativ. Es ist ein Milieu, das noch ins 19. Jahrhundert gehört. Man könnte eine sehr schöne soziologische Studie über das medizinische Milieu in den Provinzgebieten Frankreichs machen. Dabei würde man feststellen, dass sich die Medizin, oder genauer gesagt die Figur des Arztes, im 19. Jahrhundert verbürgerlicht hat. Im 19. Jahrhundert hat die Bourgeoisie in der Medizin, in der Sorge um den Körper und die Gesundheit eine Art Alltagsrationalismus gefunden. In diesem Sinn lässt sich sagen, dass der medizinische Rationalismus die religiöse Ethik ersetzt hat. Es war ein Arzt des 19. Jahrhunderts, der diesen ungemein tiefsinnigen Satz geprägt hat: »Im 19. Jahrhundert hat die Gesundheit das Heil ersetzt.«

Ich glaube, dass die Figur des Arztes, die sich so herausgebildet hat und im 19. Jahrhundert zunehmend sakralisiert wurde, die die Nachfolge des Priesters angetreten hat, die um sich herum all den alten Aberglauben, all die Leichtgläubigkeiten der Provinz, der Bauernschaft, des französischen Kleinbürgertums des 18. und 19. Jahrhunderts versammelt hat, mit dem Ziel, sie zu rationalisieren, dass diese Persönlichkeit also seither ziemlich starr geblieben ist, ziemlich unbeweglich und sich selbst gleich. Ich habe in diesem Milieu gelebt, in dem die Rationalität ein fast magisches Ansehen genoss, in diesem Milieu, dessen Werte denjenigen des Schreibens entgegengesetzt sind.

Tatsächlich ist der Arzt – und insbesondere der Chirurg, schließlich bin ich Sohn eines Chirurgen – nicht derjenige, der spricht, sondern derjenige, der zuhört. Er hört der Rede der anderen zu, jedoch nicht, um sie ernst zu nehmen, nicht, um zu verstehen, was sie eigentlich sagen will, sondern um anhand dieser Rede die Anzeichen einer ernsthaften Krankheit nachzuverfolgen, das heißt einer Krankheit des Körpers, einer organischen Krankheit. Der Arzt hört zu, allerdings nur, um die Rede des anderen zu durchdringen und auf die stumme Wahrheit seines Körpers zu stoßen. Der Arzt spricht nicht, er handelt, das heißt er tastet sich vor, er greift ein. Der Chirurg bringt die Verletzung am schlafenden Körper zum Vorschein, er öffnet den Körper und näht ihn wieder zu, er operiert; all das schweigend, in der absoluten Reduzierung der Worte. Die einzigen Worte, die er äußert, sind die knappen Worte der Diagnose und der Therapie. Der Arzt spricht nur, um mit einem Wort die Wahrheit zu sagen und das Rezept auszustellen. Er benennt und er verschreibt, das ist alles. In diesem Sinn ist die Rede des Arztes extrem selten. Womöglich ist es diese tiefgreifende funktionale Entwertung der Rede in der alten Praxis der klinischen Medizin, die lange Zeit auf mir gelastet hat und die dazu geführt hat, dass die Rede für mich bis vor zehn oder zwölf Jahren noch immer nur Wind war.

Claude Bonnefoy: Als Sie zu schreiben begonnen haben, ereignete sich also ein Umsturz in Bezug auf diese erste und entwertende Auffassung vom Schreiben.

Michel Foucault: Dieser Umsturz kam natürlich von weiter her. Doch es wäre wenig interessant, sich dabei aufzuhalten, da man in eine zugleich zu anekdotische und zu banale Autobiographie verfiele. Sagen wir, dass ich dieser so tiefgreifend entwerteten Rede nur durch lange Arbeit letztlich einen bestimmten Wert und eine bestimmte Existenzweise zugestehen konnte. Das Problem, welches mich im Augenblick beschäftigt und welches mich eigentlich die ganzen letzten zehn Jahre hindurch nicht aufgehört hat zu beschäftigen, ist folgendes: Worin besteht die Existenz der Worte, der Schrift, des Diskurses in einer Kultur wie der unseren, in einer Gesellschaft? Es schien mir, dass der Tatsache, dass die Diskurse schließlich existieren, nie genügend Beachtung geschenkt wurde. Die Diskurse sind nicht nur eine Art transparenter Film, durch den hindurch man die Dinge sieht, sie sind nicht einfach nur der Spiegel dessen, was ist, und dessen, was man denkt. Der Diskurs hat eine eigene Konsistenz, seine Stärke, seine Dichte, sein Funktionieren. Die Gesetze des Diskurses existieren wie die ökonomischen Gesetze. Ein Diskurs existiert wie ein Monument, existiert wie eine Technik, existiert wie ein System sozialer Beziehungen usw.

Es ist diese dem Diskurs eigene Dichte, die ich zu hinterfragen versuche. Darin liegt natürlich eine totale Konversion in Hinblick auf das, was für mich als Kind die absolute Entwertung der Rede war. Es scheint mir – ich nehme an, das ist die Illusion von allen, die etwas zu entdecken glauben –, dass meine Zeitgenossen alle denselben Trugbildern zum Opfer gefallen sind wie ich in meiner Kindheit. So wie ich einst glaubte, wie man es in meiner Familie glaubte, glauben auch sie viel zu leichtfertig, dass der Diskurs, die Sprache, im Grunde nicht viel wert ist. Ich weiß wohl, dass die Linguisten entdeckt haben, dass die Sprache durchaus sehr wichtig ist, weil sie Gesetzen gehorcht, aber in erster Linie haben sie auf der Struktur der Sprache beharrt, das heißt auf der Struktur eines möglichen Diskurses. Ich aber versuche das Funktionieren des realen Diskurses und die Weise seines Auftretens zu hinterfragen, die Dinge, die tatsächlich gesagt worden sind. Es geht mir um eine Analyse der gesagten Dinge, insofern sie eben Dinge sind. Und das steht natürlich in klarem Gegensatz zu dem, was ich dachte, als ich ein Kind war.

Doch worin auch immer meine Konversion bestanden haben mag, so muss ich mir wohl aus meiner Kindheit und bis in mein Schreiben hinein etwas von meiner Herkunft erhalten haben, was man wahrscheinlich darin wiederfinden kann. Beispielsweise bestürzt es mich sehr, dass sich meine Leser allzu bereitwillig vorstellen, dass in meinem Schreiben eine gewisse Aggressivität liege. Ich selbst empfinde das überhaupt nicht so. Ich glaube, ich habe niemals irgendwen wirklich, namentlich angegriffen. Für mich ist das Schreiben eine extrem sanfte, gedämpfte Tätigkeit. Ich habe ein Gefühl wie von Samt, wenn ich schreibe. Mir ist die Idee eines samtigen Schreibens sehr vertraut, sie liegt auf der Grenze zwischen dem Affektiven und dem Perzeptiven, spukt unablässig in meinem Schreibvorhaben, sie leitet mein Schreiben im Moment des Schreibens selbst, sie ermöglicht es mir, in jedem Augenblick die Ausdrücke zu wählen, die ich verwenden möchte. Das Samtige ist für mein Schreiben eine Art normatives Gefühl. Darum bin ich sehr erstaunt, wenn die Leute bei mir eher ein trockenes, beißendes Schreiben wiederfinden. Aber wenn ich jetzt darüber nachdenke, dann glaube ich, dass sie trotzdem recht haben. Vermutlich liegt in meinem Federhalter die alte Erbschaft des Skalpells. Vielleicht, immerhin: Ziehe ich auf dem weißen Blatt Papier dieselben aggressiven Zeichen, die mein Vater in den Körper der anderen schnitt, wenn er operierte? Ich habe das Skalpell zum Federhalter gemacht. Ich bin von der Effizienz der Heilung zur Ineffizienz der freien Äußerung übergegangen; ich habe die Narbe auf dem Körper durch das Gekritzel auf dem Papier ersetzt; ich habe das Unauslöschbare der Narbe durch das absolut auslöschbare und durchstreichbare Zeichen der Schrift ersetzt. Vielleicht müsste ich sogar noch weiter gehen. Vielleicht ist das Blatt Papier für mich der Körper der anderen.

Fest steht, und das habe ich sofort gespürt, als ich mit etwa Dreißig begonnen habe, Vergnügen am Schreiben zu empfinden, dass dieses Vergnügen immer auch ein wenig mit dem Tod der anderen, mit dem Tod im Allgemeinen in Verbindung stand. Ich wage kaum über diesen

Zusammenhang zwischen dem Schreiben und dem Tod zu sprechen, denn ich weiß, dass jemand wie Blanchot zu diesem Thema Dinge gesagt hat, die so überaus wesentlicher, allgemeiner, tiefgründiger, entscheidender sind als alles, was ich jetzt hier sagen könnte. Ich spreche hier in Hinblick auf diese Eindrücke, die wie die Rückseite eines Gobelins sind, die ich hier gerade nachzuverfolgen versuche, und es scheint mir, dass das Muster auf der Rückseite dieses Gobelins ebenso logisch und ebenso gut gezeichnet ist, oder zumindest nicht schlechter gezeichnet ist als die Vorderseite, die ich sonst den anderen zeige.

Mit Ihnen würde ich mich gern noch ein wenig bei dieser Rückseite des Gobelins aufhalten. Und dann würde ich sagen, dass das Schreiben für mich mit dem Tod verbunden ist, und zwar vielleicht sogar in erster Linie mit dem Tod der anderen, aber das bedeutet nicht, dass Schreiben hieße, die anderen umzubringen und gegen sie, gegen ihre Existenz, eine endgültig mörderische Geste auszuführen, die sie aus der Präsenz stoßen und vor mir einen souveränen und freien Raum eröffnen würde. Ganz und gar nicht. Für mich bedeutet schreiben, dass man durchaus mit dem Tod der anderen zu tun hat, aber im Wesentlichen hat man mit den anderen zu tun, insofern sie schon tot sind. Ich spreche in gewisser Weise über den Leichnam der anderen. Ich muss zugeben, dass ich ihren Tod ein wenig postuliere. Wenn ich über sie spreche, befinde ich mich in der Position eines Anatoms, der eine Autopsie vornimmt. Mit meinem Schreiben durchlaufe ich den Körper der anderen, ich schneide ihn auf, ich hebe die Häute und Schichten ab, ich versuche die Organe bloßzulegen und indem ich die Organe freilege, versuche ich schließlich, den Herd der Verletzung, den Herd des Übels, dieses Etwas, das ihr Leben und ihr Denken ausgezeichnet hat und das in seiner Negativität letztlich alles organisiert hat, was sie gewesen sind, zum Vorschein zu bringen. Dieses giftige Herz der Dinge und der Menschen – im Grunde war es genau das, was ich immer offenzulegen versucht habe. Ich verstehe schon, warum die Leute mein Schreiben als Aggression empfinden. Sie spüren, dass es darin etwas gibt, das sie zum Tode verurteilt. Im Grunde bin ich noch viel naiver. Ich gehe einfach davon aus, dass sie schon tot sind. Darum bin ich ehrlich überrascht, wenn ich sie dann schreien höre. Ich bin genauso überrascht wie ein Anatom, der plötzlich merkt, wie der Mensch, an dem er gerade eine Vorführung machen wollte, unter seinem Skalpell zum Leben erwacht. Jäh gehen die Augen auf, der Mund beginnt zu schreien, der Körper sich zu winden und der Anatom ruft verwundert aus: »Da schau her, er war also gar nicht tot!« Genau das, glaube ich, passiert mir mit denjenigen, die mich kritisieren oder die gegen mich wettern, nachdem sie mich gelesen haben. Es ist für mich immer sehr schwierig, ihnen anders als mit einer Entschuldigung zu antworten, eine Entschuldigung, die sie vermutlich als Zeichen von Ironie verstehen würden, die aber ehrlicher Ausdruck meines Erstaunens ist: »Da schau her, sie waren also gar nicht tot!«

Claude Bonnefoy: Ich denke hier daran, was das Verhältnis zum Tod etwa für einen Schriftsteller wie Genet sein kann. Wenn er für das Volk der Toten schreibt, wenn er das Theater des Todes beleben und sich zum Gesandten dieses Schattentheaters machen will, stellt er sich absichtlich auf die andere Seite, auf die Rückseite unserer Welt, um sie zugleich anzugreifen und hinter sich zu lassen. Es gibt bei ihm auch den Versuch, das Verbrechen aufzuwerten, den Leser an die Stelle des Opfers zu setzen. Seine Haltung ist zugleich poetisch und leidenschaftlich. Bei Ihnen scheint mir, dass dieses Verhältnis ein ganz anderes ist, und zwar insofern der Blick, den Sie auf den Tod richten, ein klinischer, ein neutraler Blick ist.

Michel Foucault: Ja, ich habe nicht die Absicht, die anderen durch mein Schreiben zu töten. Ich schreibe allein auf dem Grund des bereits eingetretenen Todes der anderen. Nur weil die anderen tot sind, kann ich so schreiben, als ob mich ihr Leben, als sie noch gelächelt, geredet haben, in gewisser Weise am Schreiben gehindert hat. Zugleich besteht die einzige Ehre, die ihnen mein Schreiben erweisen kann, in der Entdeckung der Wahrheit sowohl ihres Lebens als auch ihres Sterbens, des krankhaften Geheimnisses, das den Übergang von ihrem Leben zu ihrem Tod erklärt. Im Grunde ist dieser Standpunkt der anderen, an dem ihr Leben in den Tod umschlug, für mich der Ort, an dem mein Schreiben möglich wird.

Claude Bonnefoy: Erklärt das auch, dass Ihre Texte größtenteils von den Erkenntnissystemen und den Diskursformen der Vergangenheit handeln?

Michel Foucault: Ja, ich vermute, dass es davon ausgehend möglich sein müsste, einige Dinge zu erklären. Und zwar zunächst die Tatsache, dass es für mich immer sehr schwierig ist, von der Gegenwart zu sprechen. Natürlich scheint mir, dass ich auch von Dingen sprechen könnte, die uns trotz allem sehr nah sind, jedoch unter der Voraussetzung, dass es zwischen diesen ganz nahen Dingen und dem Moment, in dem ich schreibe, diese verschwindend kleine Verschiebung gibt, diese hauchdünne Schicht, durch die der Tod eingedrungen ist. Jedenfalls ist mir dieser Topos, dem man so häufig in allen Rechtfertigungen des Schreibens begegnet – schreiben, um wiederaufleben zu lassen, schreiben, um das Geheimnis des Lebens wiederzuentdecken, schreiben, um dieses lebendige Wort zu erneuern, das sowohl dasjenige der Menschen und, wahrscheinlich, dasjenige Gottes ist –, gründlich fremd. Für mich beginnt das Sprechen nach dem Tod und erst dann, wenn dieser Bruch vollzogen ist. Das Schreiben ist für mich die Drift des Nach-dem-Tod und nicht der Weg zu einer Quelle des Lebens. Hierin ist meine Form der Sprache womöglich zutiefst anti-christlich, und zwar womöglich mehr noch als die Themen, die ich unablässig hin- und herwälze.

In gewisser Weise interessiere ich mich vielleicht deswegen für die Vergangenheit. Die Vergangenheit interessiert mich nicht, um zu versuchen, sie wiederaufleben zu lassen, sondern weil sie tot ist. Es gibt darin keinerlei Auferstehungstheologie, sondern eher die Feststellung, dass diese Vergangenheit tot ist. Nur ausgehend von diesem Tod kann man über sie absolut heitere, vollkommen analytische und anatomische Dinge sagen, die sich nicht auf eine mögliche Wiederholung oder Auferstehung richten. Darum auch liegt mir nichts ferner als der Wunsch, in der Vergangenheit das Geheimnis des Ursprungs wiederzufinden.

Daher stellt sich für mich auch dieses andere Problem. Wenn ich schreibe, wüsste ich nicht zu sagen, ob ich Philosophiegeschichte betreibe. Man hat mich oft gefragt, was es für mich bedeute, zu schreiben, was ich schreibe, von wo aus ich spreche, was das denn heißen solle, warum dies und nicht etwas anderes, ob ich Philosoph sei oder Geschichtswissenschaftler oder Soziologe etc. Es fiel mir nicht leicht, hierauf zu antworten. Hätte man mir aber genauso viel Freiheit für meine Antwort gelassen, wie Sie sie mir heute zugestehen, dann, glaube ich, hätte ich da schon ganz brutal gesagt: Ich bin weder das eine noch das andere, ich bin Arzt, sagen wir Diagnostiker. Ich möchte eine Diagnose stellen und meine Arbeit besteht darin, durch das Aufschneiden der Sprache etwas freizulegen, was die Wahrheit dessen wäre, was tot ist. Insofern verläuft die Achse meines Schreibens nicht vom Tod zum Leben oder vom Leben zum Tod, sondern es liegt vielmehr in der Achse, die vom Tod zur Wahrheit und von der Wahrheit zum Tod verläuft. Ich denke, die Alternative zum Tod ist nicht das Leben, sondern vielmehr die Wahrheit. Nicht das verlorene Beben des Lebens gilt es durch die Weiße und Unbelebtheit des Todes wiederzufinden, sondern die sorgfältige Auffaltung der Wahrheit. Insofern würde ich mich als Diagnostiker bezeichnen. Aber ist die Diagnostik das Werk des Historikers, des Philosophen, desjenigen, der Politik macht? Ich weiß es nicht. Jedenfalls handelt es sich um eine Tätigkeit der Sprache, die für mich sehr tiefgreifend ist. Im Grunde schreibe ich nicht, weil ich etwas im Kopf habe, ich schreibe nicht, um darzulegen, was ich bereits mit mir selbst und für mich selbst dargelegt und analysiert habe. Schreiben heißt im Wesentlichen, eine Arbeit anzugehen, dank derer und an deren Ende ich für mich selbst womöglich etwas finden kann, was ich zunächst nicht gesehen hatte. Wenn ich mit dem Schreiben einer Studie, eines Buch, ganz egal was, beginne, dann weiß ich wirklich weder wohin das gehen wird noch wozu es führen wird oder was ich überhaupt zeigen werde. Was ich zeigen will, entdecke ich erst in der Bewegung des Schreibens, als ob Schreiben eben gerade darin bestünde, zu diagnostizieren, was ich in dem Augenblick habe sagen wollen, in dem ich zu schreiben begann. Ich glaube, da

bin ich meinem Erbe absolut treu, da ich wie mein Vater und meine Großeltern Diagnosen stellen will. Nur dass im Unterschied zu ihnen – und hierin trenne ich mich von ihnen und wende ich mich gegen sie – ich diese Diagnose ausgehend vom Schreiben stellen will, ich will sie in diesem Element des Diskurses stellen, das die Ärzte normalerweise zum Schweigen bringen.
Entschuldigen Sie, wenn ich an dieser Stelle noch eine andere Verwandtschaft erwähne, die mich erdrückt. Ich glaube, das Interesse, das ich seit jeher für Nietzsche bekundet habe, die Tatsache, dass ich ihn nie ganz wie ein Objekt habe ansehen können, von dem man spricht, dass ich immer versucht habe, mein Schreiben in die Verwandtschaft zu dieser etwas zeitlosen, wichtigen, väterlichen Figur von Nietzsche zu stellen, ist genau hiermit verbunden: Für Nietzsche war die Philosophie in erster Linie Diagnose, sie hatte mit dem Menschen zu tun, insofern dieser krank war. Kurzum, sie galt ihm zugleich als Diagnose und gewaltsame Therapie der Kulturkrankheiten.

Claude Bonnefoy: Hier scheinen mir zwei Fragen miteinander verbunden zu sein, die uns erlauben sollten, die Analyse Ihrer Vorgehensweise weiter zu verfolgen. Haben Sie nicht diejenigen Bücher, die sich mit der Medizin auseinandergesetzt haben oder sie zumindest in ihre Perspektive einbezogen haben, wie etwa *Wahnsinn und Gesellschaft* und *Die Geburt der Klinik*, zunächst vor allem geschrieben, um jenes Instrument der Diagnose, welches für Sie das Schreiben ist, besser zu beherrschen? Gibt es in der Wahl dieser Themen – die durch ihren Bezug auf die Welt der Medizin aufgewertet werden – so etwas wie den mehr oder weniger bewussten Versuch, Ihr Schuldgefühl als Schriftsteller zu verringern?

Michel Foucault: Aus der Perspektive, in die ich mich im Augenblick stelle, in der Weiterverfolgung dieser Quasi-Erzählung, glaube ich, dass man einen großen Unterschied machen muss zwischen dem, was ich über den Wahnsinn und dem, was ich über die Medizin sagen konnte.

Wenn ich nun auf meine Kindheitsgeschichten zurückkomme, auf diese Art Unterbau meines Schreibens, dann habe ich die lebhafte Erinnerung, dass in dem medizinischen Milieu, in dem ich gelebt habe, nicht nur der Wahnsinn, sondern auch die Psychiatrie einen ganz besonderen Status hatte, offen gestanden einen durchaus pejorativen. Warum? Weil es für einen echten Arzt, einen Arzt, der die Körper behandelt, und erst recht für einen Chirurgen, der sie öffnet, ganz klar ist, dass der Wahnsinn eine schlechte Krankheit ist. Er ist eine Krankheit, die grob gesagt kein organisches Substrat hat oder an der man jedenfalls kein richtiges organisches Substrat ausfindig machen kann. Insofern handelt es sich um eine Krankheit, die dem echten Arzt einen Streich spielt, die der normalen Wahrheit ins Pathologische entwischt.

Dementsprechend ist der Wahnsinn eine falsche Krankheit und beinahe ist er sogar überhaupt gar keine Krankheit. Bis zu dieser letzten Schlussfolgerung, dass der Wahnsinn eine Krankheit ist, die sich zwar als Krankheit ausgibt, es aber eigentlich gar nicht ist, ist es dann nur noch ein kleiner Schritt. Ich bin mir nicht sicher, ob nicht in dem Milieu, in dem ich gelebt habe, dieser Schritt im gewöhnlichen Gespräch recht leicht getan wurde oder zumindest in den Eindrücken, die gewöhnliche Gespräche im Geist eines Kindes hinterlassen können.

Wenn nun der Wahnsinn eine falsche Krankheit ist, was soll man dann erst über den Arzt sagen, der sie behandelt und der glaubt, dass sie eine Krankheit ist. Dieser Arzt, das heißt der Psychiater, ist zwangsläufig ein Arzt, der sich an der Nase herumführen lässt, der nicht erkennen kann, dass das, womit er es zu tun hat, keine echte Krankheit ist, er ist also ein schlechter Arzt und, ganz ehrlich gesagt, ein falscher Arzt. Daher, immer noch in Hinblick auf die impliziten Bedeutungen, die sich zweifellos tiefer noch als die anderen in den Geist eines Kindes einschreiben, die Idee, dass der Wahnsinn eine falsche Krankheit ist, die von falschen Ärzten behandelt wird. Ich glaube, dass dem guten Provinzarzt des 20. Jahrhunderts, dessen Werte aus der Mitte des letzten Jahrhunderts stammen, der Wahnsinn und die Psychiatrie noch fremder sind als Philosophie und Literatur. In meinem Interesse für den Wahnsinn habe ich offensichtlich eine doppelte Konversion vollzogen, da ich mich für ihn und für die Ärzte interessiert habe, die ihn behandelten, dies aber nicht als Arzt tat.

Eigentlich ist *Wahnsinn und Gesellschaft* in meinem Leben fast so etwas wie ein Unfall. Ich habe es in einem Moment geschrieben, in dem ich das Vergnügen zu schreiben noch nicht entdeckt hatte. Ich hatte mich einfach nur einem Autor gegenüber verpflichtet, eine kleine Geschichte der Psychiatrie zu schreiben, einen kleinen, schnellen und leichten Text, der dem psychiatrischen Wissen, der Medizin und den Ärzten gewidmet sein sollte. Doch in Anbetracht der Armut einer solchen Geschichte habe ich mir folgende, leicht verschobene Frage gestellt: Worin bestand die Koexistenz, die zugleich eine Korrelation und eine Komplizenschaft war, zwischen der Psychiatrie und den Verrückten? Wie haben sich Wahnsinn und Psychiatrie parallel zueinander, gegeneinander, einander gegenüber, um sich gegenseitig einzunehmen, herausgebildet? Ich denke, dass nur jemand wie ich, der ein beinahe ererbtes, zumindest ein tief in meiner Vergangenheit verwurzeltes Misstrauen gegenüber der Psychiatrie hatte, sich diese Frage stellen konnte. Ich hätte mir im Gegenteil niemals die Frage gestellt, wie sich die Medizin im Allgemeinen und die Krankheit im Allgemeinen in Korrelation zueinander herausgebildet haben. Ich gehörte auf eine zu tiefe, zu insistierende Weise einem medizinischen Milieu an, um nicht zu wissen, dass der Arzt gegen die Krankheit vollkommen geschützt ist und dass die Krankheit und der Kranke für den Arzt Objekte sind, die er vollkommen auf Abstand hält. Ich habe ganz deutlich die Erinnerung, dass, als ich ein Kind war, im Grunde keiner von uns in der Familie krank sein konnte: Krank zu sein war etwas, was anderen geschah, aber nicht uns.

Der Gedanke, dass es eine Form von Medizin wie die Psychiatrie geben könnte, die ihren Gegenstand nicht vollständig überragt, dass eine solche Medizin seit ihrem Ursprung, seit ihrer Möglichkeit und in allen ihren Entwicklungen und Verästelungen mit der Krankheit, die sie behandelt, folglich mit ihrem Gegenstand, eine Komplizenschaft unterhält, ist ein Gedanke, den die traditionelle Medizin ebenfalls hätte formulieren können. Ich denke, im Grunde hatte ich vor, ausgehend von dieser Entwertung des Wahnsinns und der Psychiatrie durch die traditionelle Medizin zugleich die Psychiatrie und den Wahnsinn in einer Art Netz ständiger Interaktionen zu beschreiben. Ich weiß, dass einige Psychiater über mein Buch ziemlich schockiert waren, dass sie darin ein böswilliges Ressentiment gegen ihren Beruf gesehen haben. Vielleicht stimmt das. Womöglich lag darin diese Entwertung, von der ich ursprünglich in *Wahnsinn und Gesellschaft* spreche. Aber alles in allem – entschuldigen Sie, dass ich ein so hochstehendes Beispiel und eine so eminente Patenschaft wähle – weiß man seit Nietzsche, dass die Entwertung ein Instrument des Wissens ist und dass, solange man nicht die gewöhnliche Ordnung der Wertehierarchien erschüttert, die Geheimnisse des

Wissens sich wohl kaum preisgeben werden. Es ist also durchaus möglich, dass meine Verachtung, diese sehr archaische, sehr kindliche Verachtung, die die Reflexion zwar schnell aufgelöst hat, die sie aber vielleicht nicht ganz auszulöschen vermochte, mir erlaubt hat, eine Reihe von Beziehungen zu entdecken, denen gegenüber ich sonst höchstwahrscheinlich blind geblieben wäre. Im Augenblick erstaunt mich, dass ich in der Infragestellung, der viele Psychiater momentan ihren Beruf, die psycho-pathologische Wissenschaft, die psychiatrische Institution, das Krankenhaus aussetzen, in sehr viel ausgearbeiteter und rationalisierterer Form etliche Themen wiederfinde, denen ich in der Geschichte schon begegnet bin. Womöglich waren auch sie aus dem Inneren ihres Berufs heraus verpflichtet, das Wertesystem, an das sie gewohnt waren und auf dem das Vorgehen ihrer Vorgänger ganz ungestört beruhte, zu entwerten, es jedenfalls ein wenig zu entstauben und an ihm zu rütteln.

Claude Bonnefoy: Bei *Die Geburt der Klinik* sind Sie, vermute ich, auf keine vergleichbaren Probleme gestoßen. Sie sind an Ihre Ursprünge zurückgegangen.

Michel Foucault: Ich habe Ihnen erzählt, inwiefern mein medizinisches Erbe für mich im Schreiben gegenwärtig war. In dieser Hinsicht habe ich mir die Medizin erst in zweiter Linie und gleichsam dadurch bedingt als Studiengegenstand gewählt. In *Die Geburt der Klinik* standen eben gerade die Anatomie, die Autopsie, die Diagnostik, die Weise der medizinischen Erkenntnis in Frage. Aber womöglich ließ mir die Weise medizinischer Erkenntnis deswegen keine Ruhe, weil sie der Geste meines Schreibens innewohnte.

Claude Bonnefoy: Während das Schreiben über den Wahnsinn ganz im Gegenteil einen Bruch mit dieser Weise der Erkenntnis bedeutete, und das Wagnis, einen Sprung ins Ungewisse zu tun, und zwar aus einem doppelten Grund: Es ging darum, zugleich über den Wahnsinn zu schreiben und ihn zu behandeln. Zugleich hat sich Ihr schriftstellerisches Talent gerade hier, in Bezug auf den Wahnsinn, enthüllt.

Michel Foucault: Ich wüsste selbst nicht zu sagen, warum das Schreiben und der Wahnsinn für mich so eng miteinander verbunden sind. Es ist wahrscheinlich, dass ihre Nicht-Existenz, ihr Nicht-Sein, die Tatsache, dass sie falsche Tätigkeiten sind, ohne Konsistenz und Grundlage, gewissermaßen Wolken ohne Realität, sie einander angenähert haben. Aber sicherlich gibt es noch andere Gründe. In Hinblick auf die medizinische Welt, in der ich gelebt habe, habe ich mich jedenfalls ganz klar in den Bereich der Irrealität, des falschen Scheins, der Lüge, ja, fast des Vertrauensmissbrauchs begeben, indem ich mich einerseits dem Schreiben und andererseits der Spekulation über die Krankheit und die Medizin der Geisteskrankheit gewidmet habe. Ich glaube, in dem Schuldgefühl, das ich beim Schreiben empfinde, in der Hartnäckigkeit, die ich darauf verwende, dieses Schuldgefühl auszulöschen, indem ich immer weiterschreibe, gibt es immer auch das.

Ich weiß ganz genau, dass ich Ihnen alle diese Dinge nicht sagen sollte, oder vielmehr bereitet es mir Vergnügen, sie gerade Ihnen zu sagen, aber ich bin nicht sicher, ob es gut wäre, sie zu veröffentlichen. Mir wird ein bisschen angst bei dem Gedanken, dass sie eines Tages bekannt sein werden.

Claude Bonnefoy: Fürchten Sie, zu viel von der geheimen, nächtlichen Seite Ihrer Arbeit zu zeigen?

Michel Foucault: Hat jemand, dessen Arbeiten – grob gesagt und trotz allem – historische Arbeiten sind, jemand, der behauptet, einen halbwegs objektiven Diskurs zu führen, der denkt, dass seine Diskurse in einer Beziehung zur Wahrheit stehen, wirklich das Recht, so die Geschichte seines Schreibens zu erzählen, auf diese Weise die Wahrheit, nach der er strebt, in eine Reihe von Eindrücken, Erinnerungen, Erfahrungen einzubinden, die tiefgehend subjektiv sind? Mir ist klar, dass ich, wenn ich dies tue, die ganze Ernsthaftigkeit zunichte mache, mit der ich mich beim Schreiben wappne. Aber was soll's, wenn ich mich auf das Vergnügen eines solchen Gesprächs eingelassen habe, dann wohl gerade deswegen, um meine gewohnte Sprache zunichte zu machen, um zu versuchen, ihre Fäden zu entknoten, um sie so darzustellen, wie sie sich normalerweise nicht darstellt. Würde es die Mühe lohnen, in einfacherer Form zu wiederholen, was ich an anderer Stelle schon gesagt habe? Für mich ist es schwieriger, aber ich denke auch interessanter, diese Sprache, die ich versucht habe zu beherrschen und wie ein zugleich massives und glattes Monument darzustellen, auf ihre ersten Fasern, auf ihre Unordnung, auf ihren nicht ganz greifbaren Fluss zurückzuführen.

Claude Bonnefoy: Es freut mich, dass Sie sich auf dieses Abenteuer eingelassen haben, auch dass Sie seine Konturen und Gefahren definiert haben. Um die Erkundung der Rückseite des Gobelin fortzusetzen, möchte ich Ihnen eine weitere Frage stellen. Sie haben wunderbar gezeigt, welchem Erbe sich der diagnostische Blick verdankt, den Sie auf die Dinge richten, und welche Umwälzung dieses Erbes sich in Ihrem Interesse für den Wahnsinn zeigt. Jedoch erstaunt es, dass wir in Ihren Werken, selbst wenn Sie von dem Wahnsinn und der Medizin handeln, Schriftstellern, die weder Ärzte noch Philosophen sind, und auch Malern unablässig wiederbegegnen. Die Eingebungen und Wahrheiten, die uns diese Schriftsteller, diese Maler weitergeben, die sie bevorzugt ausgewählt haben – ich denke an Sade, an Roussel, an Artaud, an Bataille, an Bosch oder an Goya –, scheinen aus einem geheimen, mysteriösen Gebiet herausgerissen worden zu sein, das an dasjenige des Wahnsinns und des Todes grenzt. Von daher scheint Ihr Interesse an ihnen ganz und gar durch das gerechtfertigt, was Sie mir gerade erzählt haben. Aber gibt es da nicht noch mehr? Zeugen Ihre häufigen Verweise auf diese Schriftsteller, diese Maler nicht von der Versuchung, die das Schreiben und künstlerische Ausdrucksformen auf Sie ausüben, von einer Befragung ihrer Wirkmacht? Geht von diesem Schreiben nicht eine bestimmte Faszination aus – einem Schreiben, das sich auf sich selbst zurückfaltet, sich aushöhlt, in sich einrollt und auflöst und dabei zu einer tiefgründigen Wahrheit gelangt? Und das, gerade wenn ihm dies gelingt, im Wahnsinn oder im Tod zu versinken droht – oder den damit bedroht, der es ausgeübt, getragen hat?

Michel Foucault: Sie haben genau das Problem ausgesprochen, das sich mir schon lange stellt. Es stimmt, dass ich etwa dem Werk Roussels oder Artauds, oder auch demjenigen Goyas, ein sehr konstantes, sehr hartnäckiges Interesse entgegenbringe. Allerdings ist die Weise, in der ich mich mit diesen Werken auseinandersetze, nicht ganz herkömmlich. Für gewöhnlich wird folgende Frage gestellt: Wie kann es sein, dass ein Mensch, der ein Geisteskranker ist oder von der Gesellschaft und der Medizin seiner Zeit als ein solcher angesehen wird, ein Werk schreiben kann, das sofort oder Jahre, Jahrzehnte,

Jahrhunderte später wirklich als ein echtes Werk, und zwar als eines der wichtigsten Werke der Literatur oder Kultur, anerkannt wird? Anders gesagt, es stellt sich die Frage, wie es sein kann, dass Wahnsinn oder Geisteskrankheit schöpferisch werden können.

Mein Problem liegt nicht unbedingt da. Ich frage mich nie, von welcher Krankheit eigentlich Menschen wie Raymond Roussel oder Antonin Artaud betroffen gewesen sein könnten. Ich frage mich auch weder, welches Ausdrucksverhältnis es zwischen ihrem Werk und ihrem Wahnsinn geben könnte, noch wie man in ihrem Werk das mehr oder weniger traditionelle, mehr oder weniger kodifizierte Profil einer bestimmten Geisteskrankheit wiederfindet. Die Frage, ob Raymond Roussel nun an einer Zwangsneurose oder doch eher an Schizophrenie gelitten hat, interessiert mich nicht. Mich interessiert vielmehr folgende Frage: Menschen wie Roussel und Artaud schreiben Texte, die in der Epoche, in der sie sie einem Kritiker, einem Arzt oder einem gewöhnlichen Leser vorlegen, sofort in die Nähe der Geisteskrankheit gestellt werden. Übrigens stellen sie selbst in ihrer täglichen Erfahrung eine sehr tiefgreifende Beziehung zwischen ihrem Schreiben und ihrer Geisteskrankheit her. Nie haben Roussel oder Artaud geleugnet, dass ihr Werk in ihnen auf einer Ebene gärt, die gleichermaßen die Ebene ihrer Singularität, ihrer Partikularität, ihres Symptoms, ihrer Angst und letztlich ihrer Krankheit ist. Was mich hier erstaunt, womit ich mich auseinandersetze, ist Folgendes: Wie kann es sein, dass ein solches Werk, das von einem Individuum stammt, das die Gesellschaft als krank deklassiert – und folglich ausgeschlossen – hat, im Inneren einer Kultur funktionieren kann, und zwar auf eine absolut positive Weise funktionieren kann. Man kann noch so oft sagen, dass Roussels Werk verkannt war, man kann Rivières Vorbehalte, seine Verlegenheit, seine Ablehnung gegenüber den ersten Gedichten von Artaud anführen, es bleibt dennoch die Tatsache, dass das Werk von Roussel, das Werk von Artaud sehr schnell, sehr früh auf eine positive Weise im Inneren unserer Kultur funktioniert haben. Sie waren sofort oder fast sofort Teil unseres Diskursuniversums. So wird also verständlich, dass es im Inneren einer gegebenen Kultur immer einen Spielraum zwischen Toleranz und Misstrauen gibt, der bewirkt, dass etwas, was aus medizinischer Sicht mit Misstrauen betrachtet wird, im Inneren unserer Kultur, einer Kultur eine Rolle spielen und eine Bedeutung annehmen kann. Dieses positive Funktionieren des Negativen hat nicht aufgehört mich zu beschäftigen. Für mich stellt sich nicht die Frage nach dem Verhältnis Werk-Krankheit, sondern die nach dem Verhältnis Ausschluss-Einschluss: Ausschluss des Individuums, seiner Gesten, seines Verhaltens, seines Charakters, all dessen, was es ist; sehr schneller und letztlich ziemlich einfacher Einschluss seiner Sprache.

Hier betrete ich ein Gebiet, das Sie nennen können, wie Sie wollen, dasjenige meiner Hypothesen oder Obsessionen. Ich möchte hier Folgendes zur Diskussion stellen: In einer Epoche, in einer Kultur, in einer bestimmten Form von diskursiver Praxis ist der Diskurs und sind die Regeln seiner Möglichkeiten dergestalt, dass ein Individuum psychologisch und in gewisser Weise anekdotisch verrückt sein kann, aber dass seine Sprache, die durchaus die eines Verrückten ist, auf eine positive Weise – kraft der Regeln des Diskurses in der in Frage stehenden Epoche – funktionieren kann. Anders gesagt ist in einem möglichen Diskursuniversum zu einem bestimmten Zeitpunkt dem Wahnsinn eine Position vorbehalten, für die sich ein ganz bestimmter Punkt angeben lässt. Diesen möglichen Platz des Wahnsinns, diese Funktion des Wahnsinns im Diskursuniversum habe ich auszumachen versucht.

Nehmen wir ein konkretes Beispiel. An Roussel habe ich folgende Frage gestellt: Wie musste der Zustand, das Funktionieren, das innere Regulationssystem der Literatur beschaffen sein, damit die unglaublich naiven und absolut pathologischen Übungen von Roussel – seine Wortzersetzungen, seine Neuzusammensetzungen von Silben, seine zirkulären Geschichten, seine fantastischen Erzählungen, die er ausgehend von einem gegebenen Satz erfand, den er durchknetete und dessen Klangqualitäten als Anleitung, als Leitfäden für die Bildung von neuen Geschichten dienen sollten – in der Literatur auftreten konnten? Und nicht nur, dass sie in der Literatur der ersten Hälfte des 20. Jahrhunderts auftreten konnten, sondern dass sie in ihr eine derart außergewöhnliche, starke Rolle spielen konnten, dass sie die Literatur der zweiten Hälfte des 20. Jahrhunderts vorwegnehmen konnten? Bedenkt man diese positive Funktionsweise der verrückten Sprache in einem Diskursuniversum und in einer Kultur, die die Verrückten ausschließt, kann man schließlich folgende Hypothese formulieren: Muss man nicht die Funktion des Wahnsinns, so wie sie von der Literatur oder in einer allgemeinen Weise vom Diskurs in einer gegebenen Epoche vorgeschrieben und definiert wird, von der Persönlichkeit des Verrückten trennen? Im Grunde spielt es keine Rolle, ob Roussel verrückt war oder nicht, auch ob Roussel nun schizophren oder zwangsneurotisch war, spielt keine Rolle, interessant ist, dass das System der Regulation und Transformation der Literatur zu Beginn des 20. Jahrhunderts so beschaffen war, dass Übungen wie die seinen darin einen positiven und realen Wert annehmen konnten, dass sie tatsächlich wie ein literarisches Werk funktionieren konnten.

Sie sehen also, dass meine Frage, die überhaupt keine psychologische Frage ist, sondern eine viel abstraktere – und auch eine sehr viel uninteressantere –, nämlich diejenige nach der Position und der Funktion der Sprache des Verrückten im Inneren einer geregelten und normativen Sprache.

Claude Bonnefoy: Wir sind ein bisschen von unserer ersten Frage abgekommen, auf die ich jetzt zurückkommen möchte, die Frage nach Ihrer Beziehung zum Schreiben. Aber ich glaube, wir können dies sehr gut ausgehend von diesem Abstand tun, der es Ihnen erlaubt hat, einige Ihrer Forschungsanliegen zu erhellen. Sie haben gerade von den zugleich naiven und extrem komplizierten Schreibübungen gesprochen, die sich Raymond Roussel auferlegt hat. Kann man in der Komplexität dieser Übungen nicht eine Art Hypertrophie in der Liebe zur Sprache sehen, in einer Praxis des Schreiben um des Schreibens willen, die bei einem normalen Schriftsteller, der einfach nur darauf bedacht ist, wohldurchdachte Dinge in einer eleganten und wirkungsreichen Sprache zu schreiben, das Vergnügen des Schreibens hieße? Sie selbst haben eben von Ihrer Entdeckung jenes »Vergnügens« gesprochen, »das im Schreiben liegt«. Wie kann sich dieses Vergnügen in einer Praxis des Schreibens äußern, deren Ziel es zunächst ist, nicht über sich selbst in Verzückung zu geraten, auch wenn die Ihre uns fordert und darüber hinaus bezaubert, sondern die Wahrheit aufscheinen zu lassen, sie zu enthüllen, eher Diagnose zu sein als lyrischer Gesang?

Michel Foucault: Da stellen Sie mir viele Fragen.

Claude Bonnefoy: Vielleicht zu viele. Wir werden sie nacheinander angehen.

Michel Foucault: Ich werde versuchen, auf diejenigen zu antworten, die mir am stärksten nachgehen. Sie haben von dem Vergnügen des Schreibens gesprochen und als Beispiel Roussel genannt. Dies scheint mir in der Tat ein absolut besonderer Fall zu sein. So wie Roussel mit einem extrem starken Mikroskop die Mikroverfahren des Schreibens vergrößert hat – während er zugleich andererseits auf der Ebene seiner Themen die riesigen Ausmaße der Welt auf klitzekleine Mechanismen verkleinert hat –, hypertrophiert der Fall Roussel auch deutlich den Fall des Schreibens, das problematische Verhältnis des Schriftstellers zum Schreiben.

Aber wir sprechen hier vom Vergnügen des Schreibens. Macht es wirklich solchen Spaß, zu schreiben? Roussel lässt nicht ab, in *Wie ich einige meiner Bücher geschrieben habe* daran zu erinnern, unter welcher Pein, in welchen Trancezuständen, mit welchen Schwierigkeiten, unter welchen Ängsten er geschrieben hat, was er zu schreiben hatte; die einzigen großen Momente des Glücks, von denen er spricht, waren der Enthusiasmus, die Erleuchtungen, die ihn überkamen, nachdem er sein erstes Buch beendet hatte. Abgesehen von dieser ziemlich einzigartigen Erfahrung scheint es mir, dass in seiner Biographie fast alles Übrige nichts war als ein langer, ausgesprochen dunkler Weg, ein Tunnel. Allein die Tatsache, dass er, wenn er auf Reisen war, die Vorhänge seines Wagens zuzog, um niemanden, nicht einmal die Landschaft zu sehen, so sehr beanspruchte ihn seine Arbeit, zeigt schon zur Genüge, dass Roussel nicht in einem Zustand der Verzückung, der Begeisterung, der allgemeinen Empfänglichkeit für die Dinge und das Sein schrieb.

Doch davon abgesehen, gibt es überhaupt ein Vergnügen am Schreiben? Ich weiß nicht recht. Eines aber ist gewiss, nämlich dass es, zumindest glaube ich das, eine sehr große Verpflichtung zum Schreiben gibt. Ich weiß nicht genau, woher diese Verpflichtung zum Schreiben kommt. Bevor man zu schreiben begonnen hat, erscheint das Schreiben als die willkürlichste, die unwahrscheinlichste, die beinahe unmöglichste Sache der Welt, als eine Sache jedenfalls, an die man sich niemals gebunden fühlen wird. Dann kommt der Moment – Ist es die erste Seite? Die tausendste? Ist es in der Mitte des ersten Buchs oder später? Ich weiß es nicht –, in dem man erkennt, dass man zum Schreiben absolut verpflichtet ist. Diese Verpflichtung wird Ihnen auf verschiedene Weise angekündigt, bedeutet. Zum Beispiel durch die Tatsache, dass man in eine große Angst, eine große Anspannung fällt, wenn man nicht wie jeden Tag sein Seitchen geschrieben hat. Beim Schreiben dieser Seite erteilt man sich selbst, erteilt man seiner Existenz eine Art Absolution. Diese Absolution ist für das Glück des Tages unerlässlich. Nicht das Schreiben ist glücklich, sondern das Glück zu existieren hängt vom Schreiben ab, was etwas anderes ist. Das ist sehr paradox, sehr rätselhaft, denn wie kann es sein, dass eine so vergebliche, so fiktive, so narzisstische, so auf sich selbst zurückgefaltete Geste, die darin besteht, sich morgens an seinen Tisch zu setzen und dann eine bestimmte Anzahl Seiten zu füllen, diese segenreiche Wirkung auf den ganzen Rest des Tages haben kann? Wie wird die Realität der Dinge – Beschäftigungen, Hunger, Begehren, Liebe, Sexualität, Arbeit – verklärt, einfach nur weil es das am Morgen gab oder weil man das im Laufe des Tages hat tun können? Genau das ist sehr rätselhaft. Für mich jedenfalls ist das eine der Weisen, in der sich die Verpflichtung zum Schreiben ankündigt.

Diese Verpflichtung zeigt sich auch noch in etwas anderem. Im Grunde schreibt man stets nicht nur, um das letzte Buch seines Werks zu schreiben, sondern auf eine völlig wahnwitzige Weise – und dieser Wahnsinn ist, glaube ich, noch in der kleinsten Geste des Schreibens gegenwärtig –, um das letzte Buch der Welt zu schreiben. Eigentlich ist das, was man in eben dem Moment schreibt, da man es schreibt, der letzte Satz des Werks, das man gerade beendet, immer auch der letzte Satz der Welt, sodass es hinterher nichts mehr zu sagen gibt. Es gibt einen wahnwitzigen Willen, die Sprache noch im geringsten Satz zu erschöpfen. Wahrscheinlich hängt das mit dem Ungleichgewicht zusammen, das zwischen Diskurs und Sprache besteht. Die Sprache ist das, womit man eine absolut unendliche Anzahl von Sätzen und Aussagen bilden kann. Der Diskurs, so lang, diffus, nachgiebig, atmosphärisch, protoplasmatisch er auch sein mag, so denkbar stark er auch auf die Zukunft gerichtet sein mag, ist dennoch ganz im Gegenteil immer endlich, immer begrenzt. Mit einem Diskurs wird man niemals ans Ende der Sprache gelangen, so lang man ihn sich auch träumen mag. Diese Unerschöpflichkeit der Sprache, die den Diskurs immer über einer Zukunft, die niemals enden wird, in der Schwebe hält, lässt die Verpflichtung zum Schreiben auf ganz andere Weise spürbar werden. Man schreibt, um an das Ende der Sprache zu gelangen, um folglich an das Ende jeder möglichen Sprache zu gelangen, um schließlich durch die Fülle des Diskurses die leere Unendlichkeit der Sprache abzuschließen.

Auch hier sieht man wieder, dass Schreiben etwas ganz anderes ist als Sprechen. Man schreibt auch, um kein Gesicht mehr zu haben, um sich selbst unter seinem eigenen Schreiben zu vergraben. Man schreibt, damit das Leben, das man um das Blatt Papier herum hat, neben, außerhalb, fern von ihm, dieses Leben, das überhaupt nicht lustig ist, sondern eher langweilig und voller Sorgen, das den anderen ausgesetzt ist, von diesem kleinen papiernen Rechteck aufgesogen wird, das man vor Augen hat und dessen Herr man ist. Schreiben ist im Grunde der Versuch, jede Substanz nicht nur der Existenz, sondern des Körpers dazu zu bringen, sich über die mysteriösen Kanäle des Federhalters und der Schrift in diesen winzigen Spuren zu ergießen, die man auf das Papier setzt. Was das Leben angeht, nicht mehr zu sein als dieses zugleich tote und geschwätzige Gekritzel, das man auf ein weißes Blatt Papier gesetzt hat, davon träumt man, wenn man schreibt. Aber dazu, dass das wimmelnde Leben in dem unbeweglichen Gewimmel der Buchstaben aufgesaugt wird, gelangt man niemals. Immer wieder beginnt das Leben außerhalb des Papiers, immer greift es weiter um sich, geht es weiter, niemals kann es sich auf dieses kleine Rechteck festlegen, niemals kann sich das schwere Volumen des Körpers auf der Oberfläche des Papiers entfalten, niemals geht man zu diesem zweidimensionalen Universum über, zu dieser reinen Diskurslinie, niemals gelingt es einem, sich klein und zart genug zu machen, um nichts anderes zu sein als die Linearität eines Textes, und dennoch ist es genau das, was man erreichen will. So lässt man nicht ab, es immer wieder aufs Neue zu versuchen, sich zusammenzunehmen, sich selbst zu konfiszieren, in den Trichter der Feder und der Schrift zu gleiten, eine unendliche Aufgabe, eine Aufgabe, zu der man bestimmt ist. Man würde sich gerechtfertigt fühlen, wenn man nur noch in diesem winzigen Beben existieren würde, diesem winzigen Kratzen, das erstarrt und zwischen der Spitze des Federhalters und der weißen Oberfläche des Papiers der Punkt ist, der fragile Ort, der sofort wieder vergangene Moment, in dem sich eine endlich fixierte, endgültig etablierte, nur noch für die anderen lesbare Spur einschreibt, die jede Möglichkeit verloren hat, von sich selbst Bewusstsein zu erlangen. Auch diese Art der Tilgung, der Abtötung seiner selbst im Übergang zu den Zeichen verleiht dem Schreiben seinen verpflichtenden Charakter. Eine Verpflichtung ohne Vergnügen, das sehen Sie wohl ein – verfallen Sie aber in Angst, wenn Sie sich einer Verpflichtung entziehen, stürzen Sie in die größte Unruhe, die größte Verwirrung, wenn Sie gegen das Gesetz verstoßen, ist es dann nicht doch die größte Form von Vergnügen, diesem Gesetz zu gehorchen? Dieser Verpflichtung zu gehorchen, von der man weder weiß, woher sie kommt, noch wie sie sich Ihnen aufgezwungen hat, diesem womöglich narzisstischen Gesetz zu gehorchen, das auf Ihnen lastet und Sie von überall her überragt, darin besteht, glaube ich, das Vergnügen am Schreiben.

Claude Bonnefoy: Hier möchte ich Sie darum bitten, einen Gedanken genauer auszuführen, der sich bereits in Ihrer Konzeption des diagnostischen Schreibens abgezeichnet hat. Gibt es nicht in dem Vorgehen desjenigen, der schreibt, noch eine andere Verpflichtung, diejenige, etwas zu entdecken, vielleicht eine Wahrheit zu entdecken, die er erahnte, aber die noch nicht formuliert worden war? Hat man nicht, wenn man schreibt, auch immer den Eindruck, dass die Seite, das Buch, wenn man sie zu einem anderen Zeitpunkt geschrieben hätte, anders geworden wären, eine andere Wendung genommen hätten, dass uns das Schreiben vielleicht zu derselben Sache geführt hätte, demselben Punkt, den man erahnt hatte, den man gesucht hatte, den man sich als Ziel festgesetzt hatte, aber auf anderen Wegen, über andere Sätze. Haben Sie den Eindruck, diesen Vorgang des Schreibens ständig zu beherrschen, oder haben Sie nicht manchmal das Gefühl, von ihm geleitet zu werden?

Michel Foucault: Gerade an dieser Stelle ist für mich die Verpflichtung zum Schreiben gerade nicht das, was man gewöhnlich die Berufung des Schriftstellers nennt. Ich glaube fest an die mittlerweile berühmte Unterscheidung, die Roland Barthes zwischen den Schriftstellern *[écrivain]* und den Schreibenden *[écrivant]* getroffen hat. Ich bin kein Schriftsteller. Zunächst einmal habe ich überhaupt keine Phantasie. Ich bin von totaler Einfallslosigkeit. Ich habe niemals auch nur ansatzweise so etwas wie ein Romanthema entwerfen können. Sicherlich habe ich manchmal Lust gehabt, Novellen im journalistischen Sinn des Wortes zu schreiben: Mikroereignisse zu erzählen, zum Beispiel das Leben von jemandem, aber in fünf oder zehn Zeilen, nicht mehr. Ich bin also kein Schriftsteller. Ich stelle mich entschlossen auf die Seite der Schreibenden, derjenigen, deren Schreiben transitiv ist. Ich meine, deren Schreiben dazu bestimmt ist, außerhalb ihrer selbst etwas zu bezeichnen, zu zeigen, zu manifestieren, das ohne sie sonst versteckt oder zumindest unsichtbar geblieben wäre. Hierin liegt für mich vielleicht trotz allem der Zauber des Schreibens.
Ich bin kein Schriftsteller, denn das Schreiben, so wie ich es praktiziere, die winzige Arbeit, die ich jeden Morgen mache, ist kein Moment, der auf seinem Sockel stehen bleibt und der sich durch sein eigenes Prestige aufrecht-

hält. Ich habe weder den Eindruck noch die Absicht, ein Werk zu schaffen. Ich habe vor, bestimmte Dinge zu sagen.

Ich bin auch kein Interpret. Damit meine ich, dass ich weder versuche, Dinge wieder zum Vorschein zu bringen, die seit Jahrhunderten oder Jahrtausenden vergraben, verheimlicht oder vergessen worden sind, noch hinter dem, was von anderen gesagt wurde, ein Geheimnis wiederzufinden, das sie verbergen wollten. Ich versuche nicht, einen anderen Sinn zu entdecken, der womöglich in den Dingen oder Diskursen verborgen liegt. Nein, ich versuche nur, das zum Vorschein zu bringen, was ganz unmittelbar gegenwärtig ist und zugleich unsichtbar. Mein Diskursvorhaben ist das Vorhaben eines Priesters: Ich möchte das zum Vorschein bringen, was unserem Blick zu nah ist, als dass wir es sehen könnten, was ganz nah bei uns ist, aber durch das wir hindurchblicken, um anderes zu sehen. Dieser Atmosphäre, die uns von überallher umgibt und uns versichert, dass uns die Dinge, die wir sehen, fern sind, ihre Dichte wiederzugeben, demjenigen, was wir nicht als Transparenz empfinden, seine Dichte und seine Stärke wiederzugeben, das ist eines der Vorhaben, eines der Themen, die mich immer begleitet haben. Auch diese Art blinder Fleck, von dem aus wir sprechen und sehen, skizzieren, zeichnen, bestimmen zu können, neu zu begreifen, was uns eigentlich diesen Blick in die Ferne möglich macht, die Nähe zu bestimmen, die überall um uns herum das allgemeine Feld unseres Blicks und unseres Wissens ausrichtet. Eben diese Unsichtbarkeit zu erfassen, dieses Unsichtbare am allzu Sichtbaren, diese Entfernung von dem, was zu nah ist, diese unbekannte Vertrautheit, darin besteht aus meiner Sicht das wichtige Verfahren meiner Sprache und meines Diskurses.

Claude Bonnefoy: Ihre Bücher legen uns Analysen der Wissens- oder Diskursformen der Vergangenheit vor. Dies lässt vermuten, dass dem Schreiben zahlreiche Lektüren, Gegenüberstellungen, Vergleiche, Entscheidungen, eine erste Erarbeitung des Materials vorausgingen. Geschieht all dies vor dem Schreiben oder spielt das Schreiben eine bestimmende Rolle in der Weise, in der Sie diese Landschaft beobachten oder beschreiben, in der sich zum Beispiel das klassische Denken und die psychiatrische Institution einschreiben und offenbaren?

Michel Foucault: Sie stellen diese Frage zu Recht, denn ich habe den Eindruck, viel zu abstrakt gewesen zu sein. Wenn Sie so wollen, ich amüsiere mich… zumindest lese ich so, ich amüsiere mich ein bisschen aus Neugier, jedenfalls aus einem assoziativen Spiel heraus, das hier zu erklären kaum von Interesse wäre, damit, Botanikbücher aus dem 18. Jahrhundert, Grammatikbücher aus dem 19. Jahrhundert, Bücher über politische Ökonomie aus der Zeit von Ricardo, von Adam Smith zu lesen. Mein Problem – und für mich die Aufgabe des

Schreibens – besteht nicht darin, diese Bücher in einem Vokabular neu zu schreiben, das unserem heutigen entspräche. Es besteht auch nicht in dem Versuch, zu entdecken, was man gemeinhin das Ungedachte des Diskurses nennt, also herauszufinden, was sich in dem Text von Ricardo, von Adam Smith, von Buffon, von Linné in gewisser Weise gegenwärtig findet – jedoch ohne ausgesprochen worden zu sein, sozusagen zwischen den Zeilen, in den Lücken, den inneren Widersprüchen. Ich lese all diese Texte, indem ich mit jeder Vertrautheit breche, in der wir mit ihnen stehen könnten, indem ich alle Effekte von Wiedererkennung vermeide. Ich versuche, sie in ihrer Singularität hinzustellen, in ihrer größtmöglichen Fremdheit, und zwar damit der Abstand, der uns von ihnen trennt, zutage tritt, um meine Sprache, meinen Diskurs in diesen Abstand selbst einbringen zu können, in diese Differenz, in die wir uns versetzt sehen und die wir in Bezug zu ihnen sind. Umgekehrt muss mein Diskurs der Ort sein, an dem diese Differenz erscheint. Anders gesagt, wenn ich mich für fernliegende und uneinheitliche Gegenstände interessiere, will ich nicht das Geheimnis zutage treten lassen, das jenseits von ihnen liegt und das sie durch ihre manifeste Gegenwart verbergen, sondern eher diese Atmosphäre, diese Transparenz, die uns von ihnen trennt und zugleich an sie bindet und bewirkt, dass wir von ihnen sprechen können, aber dass wir von ihnen wie von Gegenständen sprechen können, die nicht ganz unsere eigenen Gedanken sind, unsere eigenen

Vorstellungen, unser eigenes Wissen. Somit besteht die Rolle des Schreibens für mich im Wesentlichen darin, eine Distanz zu schaffen und zu vermessen. Schreiben heißt, sich in diesem Abstand einzurichten, der uns vom Tod trennt, und von dem, was tot ist. Zugleich ist es das, worin sich dieser Tod in seiner Wahrheit entfalten wird, nicht in seiner verborgenen und geheimen Wahrheit, nicht in der Wahrheit dessen, was er war, sondern in dieser Wahrheit, die uns von ihm trennt, die bewirkt, dass wir nicht tot sind, dass ich dann, wenn ich über tote Dinge schreibe, nicht tot bin. Diese Beziehung muss das Schreiben aus meiner Sicht herstellen.

In diesem Sinn habe ich Ihnen gesagt, dass ich weder Schriftsteller noch Hermeneutiker bin. Wäre ich Hermeneutiker, würde ich versuchen, hinter den Gegenstand, den ich beschreibe, zurückzugehen, hinter den Diskurs der Vergangenheit, um den Punkt seines Ursprungs und das Geheimnis seiner Entstehung zu finden. Wäre ich Schriftsteller, würde ich nur ausgehend von meiner eigenen Sprache sprechen und in der Verzückung über ihre Existenz heute. Ich bin aber weder das eine noch das andere, ich bin in diesem Abstand zwischen dem Diskurs der anderen und meinem eigenen. Und mein Diskurs ist nichts anderes als der Abstand, den ich nehme, den ich vermesse, den ich empfange, zwischen dem Diskurs der anderen und meinem eigenen. In diesem Sinne existiert mein Diskurs nicht, und genau darum habe ich weder die Absicht noch den Anspruch, ein Werk zu schaffen.

Ich weiß ganz genau, dass ich kein Werk schaffe. Ich bin der Vermesser dieser Distanzen und mein Diskurs ist nur das absolut relative und prekäre Maß, mit dem ich dieses ganze System der Entfernung und der Differenz vermesse. Die Differenz zu dem zu vermessen, was wir nicht sind, daran übe ich meine Sprache, und darum habe ich eben zu Ihnen gesagt, dass Schreiben bedeutet, sein eigenes Gesicht zu verlieren, seine eigene Existenz zu verlieren. Ich schreibe nicht, um meiner Existenz eine monumentale Festigkeit zu verleihen. Ich versuche vielmehr, meine eigene Existenz in der Distanz aufgehen zu lassen, die sie vom Tod trennt und wahrscheinlich gerade dadurch zum Tod führt.

Claude Bonnefoy: Sie sagen, dass Sie kein Werk schaffen und Sie erklären auf bemerkenswerte Weise, warum. Allerdings würde ich dagegen einwenden, dass Ihr Diskurs heute eine singuläre Resonanz hat, insofern er uns nicht nur erlaubt, den Abstand zu nehmen, der uns von vergangenen Diskursen trennt, und hierin ganz hervorragend sein Ziel erreicht, sondern auch die Gegenwart erhellt, sie von alten Schatten befreit, die auf ihr lasten. Aber das ist nicht meine Frage. Wenn Sie sagen, dass Sie in Ihrem Diskurs verschwinden, dann erinnert mich das an ein anderes Verschwinden, das Sie am Ende der *Ordnung der Dinge* ankündigen, das des Menschen. Nach einer Studie über die Bildung und Entwicklung der Wissenschaften vom Menschen zeigen Sie, dass gerade im

Moment ihrer Blütezeit, ihres Triumphs, ihres Gegenstands selbst, der Mensch im Begriff ist, zu verschwinden, sich in dem ununterbrochenen Schussfaden des Diskurses auszulöschen. Verzeihen Sie mir bitte, dass ich eine äußerst unvorsichtige, eine womöglich zu persönliche Frage stelle, die mit vermeintlichen Ähnlichkeiten spielt, aber gibt es hier nicht vielleicht eine Verwandtschaft zwischen diesen beiden Arten des Verschwindens, Ihrem eigenen im Schreiben und demjenigen des Menschen?

Michel Foucault: Sie werfen diese Frage vollkommen zu Recht auf. Wenn Sie einverstanden sind, können wir die Frage, was ich im Einzelnen am Ende der *Ordnung der Dinge* sagen wollte, entweder in einem anderen Gespräch angehen oder dem Vergessen anheimgeben. Fest steht, dass zwischen dem Thema des Verschwindens des Menschen und dem, was für mich die Verpflichtung des Schreibens, die eigentliche Arbeit meines Schreibens ist, eine Verwandtschaft besteht. Ich kenne sehr wohl das Risiko, das ich mit einer solchen Aussage eingehe, denn ich sehe schon, wie sich der groteske Schatten des Psychiaters abzeichnet, der in dem, was ich da sage, zunächst die Anzeichen meiner Schizophrenie, dann die des buchstäblich wahnhaften, also nicht objektiven, unwahren, irrationalen, unwissenschaftlichen Charakters dessen, was ich in meinen Büchern sage, finden wird.

Ich bin mir bewusst, dass ich dieses Risiko eingehe, aber ich gehe es vollkommen leichten Herzens ein. Diese Gespräche, um die Sie mich freundlicherweise gebeten haben, amüsieren mich sehr, insofern ich eben nicht versuche, in ihnen noch einmal besser und ausführlicher zu erklären, was ich in meinen Büchern bereits gesagt habe. Ich glaube nicht, dass das in diesen Gesprächen überhaupt möglich wäre, vor allem nicht in diesem Zimmer, das ich schon von Tausenden von Exemplaren eines künftigen Buches bevölkert sehe, von Tausenden von Gesichtern, die es lesen werden, in dem diese dritte Anwesenheit des Buches und der künftigen Leser außerordentlich bedrückend ist. Mir gefällt gerade, dass wir nicht wissen, wohin wir gehen. Ich mache mit Ihnen eine Art Erfahrung. Zum ersten Mal versuche ich, diesen neutralen, objektiven Diskurs in der ersten Person zu deklinieren, in dem ich mich unablässig auslöschen wollte, wenn ich meine Bücher geschrieben habe. Folglich ist die Verwandtschaft, die Sie zwischen dem Verschwinden des Menschen und der Erfahrung, die ich beim Schreiben mache, herstellen, offensichtlich. Mögen die Leute doch daraus machen, was sie wollen. Sie werden sicherlich das, was ich sagen wollte, als trügerisch monieren. Andere werden vielleicht in dem, was ich Ihnen sage, keinen wirklich aufrichtigen Diskurs sehen, sondern Projektionen von mehr oder weniger theoretischen und ideologischen Themen, die ich in meinen Büchern formulieren wollte, auf mich selbst. Letztlich ist die Weise, in der man diese Beziehung und diese Verwandtschaft zwischen dem Buch und mir und mir und dem Buch lesen wird, ohne jeden Belang. Jedenfalls ist mir klar, dass meine Bücher durch das, was ich sage, kompromittiert werden, und ich auch. Das ist die schöne Gefahr, die amüsante Gefahr dieser Gespräche. Also, lassen wir diese Verwandtschaft zum Vorschein treten, lassen wir diese Verbindung zum Vorschein treten.

Claude Bonnefoy: Wie empfinden Sie diesen gerade beschriebenen Vorgang, dieses Verschwinden im Schreiben in dem Moment, in dem Sie schreiben?

Michel Foucault: Wenn ich schreibe, habe ich wohl immer etwas im Sinn. Zugleich richte ich mich immer an etwas, das außerhalb von mir liegt, an einen Gegenstand, an einen Bereich, den es zu beschreiben gilt, an die Grammatik oder die politische Ökonomie des 17. Jahrhunderts oder auch an die Erfahrung des Wahnsinns im klassischen Zeitalter. Und dennoch habe ich ganz und gar nicht den Eindruck, diesen Gegenstand, diesen Bereich zu beschreiben, in gewisser Weise danach zu horchen, was er selbst sagt, eine bestimmte Vorstellung, die ich mir von dem gemacht hätte, was ich zu beschreiben versuche, mit Worten auf Papier und in einem bestimmten Stil zu übersetzen. Ich habe es Ihnen bereits gesagt, ich versuche, die Distanz zu Tage treten zu lassen, die ich, die wir zu diesen Dingen haben, mein Schreiben ist

die Entdeckung eben dieser Distanz. Ich würde Folgendes hinzufügen. In gewisser Weise habe ich, wenn ich zu schreiben beginne, einen leeren Kopf, obwohl mein Geist immer auf ein bestimmtes Objekt gerichtet ist. Das führt dazu, dass Schreiben für mich natürlich eine sehr erschöpfende, sehr schwierige, auch sehr beängstigende Tätigkeit ist. Ich habe immer Angst, dass ich es verpfusche; ich verpfusche, ich verfehle natürlich unendlich. Das führt auch dazu, dass mich nicht so sehr die Entdeckung oder die Gewissheit eines bestimmten Verhältnisses, einer bestimmten Wahrheit zum Schreiben treibt, sondern eher mein Gefühl, dass eine bestimmte Form des Schreibens, eine bestimmte Weise des Funktionierens meines Schreibens, ein bestimmter Stil es ermöglichen wird, diese Distanz zu Tage treten zu lassen.
Zum Beispiel war ich eines Tages in Madrid völlig fasziniert von den *Meninas* von Velasquez. Ich habe dieses Bild sehr lange angeschaut, einfach so, ohne daran zu denken, eines Tages darüber zu sprechen, geschweige denn es zu beschreiben – was mir in dem Moment grotesk und lächerlich vorgekommen wäre. Und dann, eines Tages, ich weiß nicht mehr genau wie, ohne es noch einmal wiedergesehen zu haben, sogar ohne Reproduktionen gesehen zu haben, ist mir die Lust gekommen, aus der Erinnerung heraus von diesem Gemälde zu sprechen, zu beschreiben, was alles darin lag. Von dem Moment an, da ich versucht habe, es zu beschreiben, haben mir eine bestimmte Färbung der Sprache,

ein bestimmter Rhythmus, vor allem eine bestimmte Form der Analyse das Gefühl gegeben, die – vielleicht falsche – Quasi-Gewissheit, dass ich genau hier den Diskurs gefunden hatte, durch den die Distanz, die wir zur klassischen Philosophie der Repräsentation und dem klassischen Denken der Ordnung und der Ähnlichkeit haben, zum Vorschein kommen und sich vermessen lassen könnte. So habe ich begonnen, *Die Ordnung der Dinge* zu schreiben. Für dieses Buch habe ich ein Material benutzt, das ich über die vergangenen Jahre eher zufällig angesammelt hatte, ohne recht zu wissen, was ich damit machen würde, ohne irgendeine Gewissheit zu haben, ob es überhaupt möglich sein würde, daraus je eine Studie zu machen. Es war eine Art totes Material, das ich wie einen verlassenen Garten durchstreift habe, wie ein Brachland, das ich durchwanderte, so wie ich mir vorstelle, dass ein Bildhauer von früher, ein Bildhauer des 17. oder 18. Jahrhunderts, einen Marmorblock betrachtet, berührt haben muss, von dem er noch nicht wusste, was er daraus machen würde.

[Hier bricht die Abschrift ab.]

Jacques Rancière
Moments politiques. Interventionen 1977-2009

224 Seiten, Klappenbroschur, ISBN 978-3-03734-146-9
€ 24,90 / CHF 31,90

Über einen Zeitraum von mehr als zwanzig Jahren erstrecken sich die Beiträge dieses Bandes. Ereignisse unterschiedlicher Wichtigkeit und Tragweite nimmt Rancière zum Anlass, um das Funktionieren der Macht und ihre Argumentationsmuster zu analysieren. Dabei geht es stets um zweierlei: einen singulären politischen Moment zu erfassen und die gegenwärtige politische Landschaft zu umreißen, die er bestimmt.
Ein politischer Moment verleiht Forderungen Gewicht, die den Pragmatismus der Realpolitik weit übersteigen, und verschafft denjenigen Gehör, die ohne politische Legitimation und Stimme sind. Politisches Handeln und Denken existiert nur in diesen Momenten, in denen die Gegebenheit der Welt fragwürdig und die Wende zum noch Unbestimmten und Offenen möglich wird. Nur in der Skansion politischer Momente können Risse im Herrschaftsgefüge entstehen und Veränderungen möglich werden. In diesem Sinne verstehen sich die hier versammelten Interventionen als persönliche Beiträge zu einer kollektiven Arbeit, die neue politische Horizonte eröffnen und den Raum des Möglichen neu definieren soll.

»Vor allem, weil sie von konkreten Ereignissen oder politischen Konflikten ausgehen, bieten diese Texte einen guten Einstieg in das Denken des französischen Philosophen.«
Deutschlandfunk

Alexander Kluge / Joseph Vogl
Soll und Haben. Fernsehgespräche

336 Seiten, Broschur, ISBN 978-3-03734-051-6
€ 19,90 / CHF 30,00

Alexander Kluge, Autor, Filmemacher, Philosoph, Kulturtheoretiker, Regisseur, Medienpolitiker und Chronist Deutschlands, produziert seit 1988 unabhängige Kulturmagazine im deutschen Privatfernsehen. Seit 1994 ist der Kulturwissenschaftler Joseph Vogl regelmäßiger Gast in seinen Sendungen. Alexander Kluges charakteristische Interviewtechnik hat in ihm ihr kongeniales Gegenüber gefunden. Ergebnis der beiderseitigen Passion sind über vierzig Fernsehinterviews, die eine eigene Kunst der zielführenden Abschweifung kultivieren und das Genre völlig neu erfinden.
Der Band versammelt erstmals eine Auswahl dieser Gespräche in Buchform. Das thematische Spektrum reicht quer durch die Zeiten und Kulturen. Ob Vogl jedoch über Amoklauf spricht, über Kapitalismus in Ostindien, globalisierte Gefühle, politische Tiere oder den geheimen Zusammenhang von Terror und Macht, Dichtung und Bürokratie, Kluges insistierende Präsenz bringt den Befragten nicht nur immer dazu, mehr und anderes zu sagen als das vorher Gewusste, das öffentlich bereits Niedergelegte, immer ergeben sich auch schlaglichtartige Erhellungen der aktuellen Verhältnisse: »aus der Ferne kommt unser Nächstes zurück«.

»Diese beiden Männer sprechen nicht einfach miteinander: Sie sind ein Gespräch.« *FAS*